MARK IX XXIII

MM

LA LUZ QUE LLEVO EN MÍ

Marlon Medina

Diagramación Interior y diseño de Portada:
Erika Rojas, ER Graphic Solutions

Primera Edición, julio 2023.

Dedicatoria

El camino ha sido largo, y pienso que tengo casi 40 años, pero ¡Ya no los tengo! ¡Ya se fuerón! Y aún hay mucho por hacer.

Solo cuento con el momento presente y para llegar a este momento, le debo agradecer a todos los maestros que prepararon el camino ante mí, con esfuerzo, dedicación y con total desapego, han compartido su Luz, su conocimiento y su visión.

Aun hay mucho por aprender y hacer, pero la carga es más ligera, porque Dios me ha rodeado de una familia maravillosa, de 4 hijos que han sido una bendición y motivación, de una esposa que ha sido la ayuda ideónea, fuerte y con un corazón maravilloso, de una madre inquebrantable a ***prueba de fuego*** *que amo y a la que agradezco por darme la vida y la oportunidad de lograr mis sueños.*

LA LUZ QUE LLEVO EN MÍ

Soy muy afortunado por que me acompañan día a día, seres de luz, personas que como ángeles iluminan mi camino, me protegen, inspiran y ayudan a hacer que la visión de nuestra compañía, se convierta en una posibilidad.

Gracias a mis amigos del ayer que por circunstancias, hoy estamos distantes. Fueron una bendición para mí y son definitivamente parte de los tesoros que llevo en mi corazón.

Gracias a todos los que día a día se esfuerzan por construir un mejor futuro para sí mismos y para las personas que aman.

Gracias familia, gracias amigos, gracias hermanos, gracias maestros, gracias mujeres a prueba de fuego, gracias caballeros.

Pero por sobre todo, Gracias Padre por que la inspiración es tuya y también a ti el honor, gracias, gracias, gracias.

EL AUTOR

INTRODUCCIÓN

Ya No Era Yo

El preciso momento en el que despiertas, por unos segundos y te das cuenta que; te has convertido en alguien completamente desconocido, reconoces que tu vida no es como quieres, que tu realidad es completamente opuesta a lo que alguna vez pensaste que podría ser.

A mí me pasó, por un momento perdí el camino; un momento que duró muchos años, vivir con depresión no es fácil y aún más pretender que todo estaba bien, fingir que me estaba comiendo al mundo, cuando era el mundo y todo lo que estaba cargando dentro de mí, lo que me estaba comiendo, lo que estaba acabando con mi vida. ¿Alguna vez has pensado en lo que siente una persona que está a punto de morir ahogada?

Yo lo sé, estuve a punto de morir de esa manera, sentir que comienzas a tragar el agua salada poco a poco, sentir que tu cuerpo ya no puede más, sentir la agonía de saber que estas a segundos de morir, atrapado entre las olas, el sufrimiento y la desesperación, pero la depresión es muchísimo peor, porque en esos momentos en el agua; en lo único en lo que podía pensar era ¡en vivir con todas mis fuerzas! a diferencia de la depresión, en la cual ya me sentía muerto y lo único que quería era desaparecer de la faz de la tierra, ¡no existir más!

Lo peor de todo era que, no sabía ni siquiera que tenía depresión, hasta mucho tiempo después. Sin duda es un enemigo silencioso, te atrapa y te quita la vida lentamente Ahora que me pongo a pensar en el ¿por qué?
¿Cuándo la dejé entrar?
¿Cómo llegó?
Es que viene disfrazada; en mi caso venía acompañada de una noticia que cambiaría mi vida por completo, que me robaría la ilusión y el sentido de mi realidad. Recuerdo estaba en mi trabajo, cuando me sorprendió la presencia de un familiar, que sin empatía y en un tono seco e indiferente me dijo: ¡tu hermano ha muerto! ¡lo mataron! Hubo más palabras entre los dos, pero mi mente se quedó en pausa, en la misma frase ¡tu hermano ha muerto! Como si fuera un eco, incapaz de hacer, decir o reaccionar. Él, mi hermano lo era todo para mí, a pesar de que nuestra relación en los últimos años, no fue de lo mejor, tuvimos hermosos recuerdos de hermandad, sufrimos juntos, reímos y lloramos tantas veces, vivimos tantas carencias y situaciones difíciles, con la esperanza de algún día, vivir una mejor vida los dos y disfrutar de todo eso que deseamos de niños, aún ahora lo extraño tanto y siento muchísima impotencia al recordar ese momento. Creo hay momentos que nos marcan y ese momento quedará para siempre en mi ser, como uno de los momentos más difíciles que he vivido.

En esos momentos la pasé muy mal, pero tenía que trabajar para mantener a mi familia, y con tantos compromisos y responsabilidades encima, no tenía otra opción, no pude llorar, no pude despedirme de su cuerpo, ni darle ese último adiós, había momentos que entraba en estado de negación, en donde aún esperaba una llamada de él, talvez todo era mentira, ¡aún conservaba una esperanza! Esto es algo que pasamos muchos que vivimos en una tierra lejana, incapaces de volver, buscando un futuro mejor para nuestros seres amados, al ya no estar mi hermano, le perdí el sentido a la vida, de pronto todo comenzó poco a poco a teñirse de gris. Y algo más surgió con su muerte, algo creció dentro de mí como cizaña, y se apoderó de mi pensamiento y habitó en mi corazón; la culpa y el arrepentimiento se hicieron presentes. De pronto comencé a recordar todo lo malo que fui con mi hermano, lo injusto, lo cruel, las peleas, la indiferencia, mi corazón duro cuando me necesitó, creyendo que con eso le estaba dando una lección, cuando lo que realmente estaba haciendo, era desperdiciar nuestros últimos momentos juntos aquí en este mundo. No es justificar, pero, no sabía lo que hacía.

"Ahora entiendo las palabras del Maestro Jesús, en donde decía, PERDÓNALOS PADRE, POR QUE NO SABEN LO QUE HACEN".

Caminando En Valle De Sombra De Muerte

Llegó un momento en el que me di cuenta que todo era un desorden en mi vida, desde mis pensamientos, culpándome constantemente por todo, en mi empleo ya estaba trabajando por momentos más de 16 horas diarias, creo que era el único lugar en donde me sentía útil, y a la vez era lo único que me ayudaba a mantener mi mente ocupada, esperaba y esperaba por algo que se llevara ese dolor que me estaba comiendo por dentro, pero nunca le conté a nadie, no sabía cómo expresarlo, ni siquiera con quien platicarlo, me ponía una máscara de hombre trabajador y responsable. ¡A menudo sentía que ya no podía más, pero de igual manera continuaba fingiendo que todo estaba bien.

Me estaba convirtiendo en un mal esposo, mal padre y mal hijo, el alcohol ya era parte de mi rutina, y el fallar constantemente. Poco a poco me centré en mí mismo, hasta que se me olvidó por completo que, mi madre también estaba sufriendo, incluso más que yo, que mi esposa estaba sufriendo y cargando sola con el hogar en mi ausencia, que mi hermana se culpaba al igual que yo por la pérdida de nuestro hermano, que mis hijos había incluso varios días que no miraban a su padre; cuando despertaban yo ya no estaba, y cuando se iban a dormir, todavía no regresaba de trabajar.

Fue en una de esas tantas peleas que tuve con mi esposa, y como es usual ¡me fui a dormir al sofá! En donde ya no pude más, doble rodillas y lloré como un niño pequeño, entre sollozos "Clamé a Dios por ayuda", ya no quería vivir, pero en el fondo de mi corazón sabía que aún en este tiempo de tinieblas en el que me encontraba podría encontrar un rayo de luz, una señal, ¡algo! ¡lo que sea! Antes de dormirme, los últimos pensamientos en mi mente fueron suplicando por ayuda.

"hay un pasaje bíblico, en donde se nos da la clave para cuando estamos atravesando tiempos muy difíciles; "CLAMA A MI Y YO RESPONDERÉ".

CAPÍTULO 1

El numero 7

Lo que sigue, talvez te pueda parecer mentira o una exageración, pero la ayuda llegó en forma de un pequeño número 7.

Al despertar después de esa noche terrible, al abrir mis ojos, y contemplar mi brazo izquierdo el cual me sirvió de almohada, tenía una pequeña marca en él, un numero 7, me lo quise borrar con saliva, pero no se despintó, más bien parecía un pequeño sello, lo primero que hice fue buscar el significado de el número 7 en internet, para mi sorpresa lo primero que encontré decía: "ten fe, la ayuda viene".

Después quise leer el mensaje otra vez, pero, ya no lo pude encontrar, solo encontraba mucha información sobre el numero 7 y su significado, pero no ese mensaje que leí. Lo tomé con fe, y me alegré, repitiéndome a mí mismo, "la ayuda viene".

Me mantuve alerta y con esperanza de que algo extraordinario, sucediera, pero transcurría el día y nada, de pronto sentí la necesidad de caminar, salí del trabajo y solo caminé. Al pasar por el negocio de unos amigos, decidí pasar a saludar porque me encantó la apariencia del lugar, me dije ¿voy a ver cómo están?

Al entrar, noté un brillo distinto en la imagen de mi amiga, la saludé, y en su abrazo sentí una energía diferente, al ver su rostro, la vi muy feliz y honestamente no le estaba poniendo atención a la plática porque en mi mente solo estaba; lo que me había sucedido esa mañana, y el mensaje recibido, mi amiga notó la diferencia en mi semblante, ella y yo éramos polos opuestos en energía, me preguntó "¿estás bien?"
Y le conté, que no estaba bien. Quisiera por un momento tener de eso que tú tienes, sentirme así, como tú ¡lleno de vida! Por un momento pensé en confesarle que constantemente tenía pensamientos suicidas, pero ¡no dije nada!

Me habló de un lugar, en donde recibió muchísima ayuda para convertirse en la mujer que es ahora, pensé ¡tengo que ir! ¿Esta es la señal que estaba esperando?
Pedí los datos del lugar, me despedí de mi amiga, le dije ¡voy a ir! y en menos de tres semanas, partí en busca de esa ayuda. Porque había llegado al límite, ¡ya no podía más!

Estaba harto, de ser quien era y hacer lo que hacía, de vivir sin sentido y sobre todo porque tenía tanta vergüenza, al mirarme al espejo y odiar a la persona que estaba al otro lado del reflejo, y tenía que estar bien, por mis hijos.

Porque me juré desde pequeño que, si Dios me daba la oportunidad de ser papá, si estaría para ellos, les daría lo que yo no pude tener, pero sobre todo les daría el amor que yo nunca conocí, ¡el amor de un padre!

Es difícil crecer sin un padre y aunque mi mamá hizo todo lo que pudo por darme las oportunidades que ella no tuvo, aun con todo eso, es necesaria una figura paterna en la vida de un hombre.

"Por favor, si estas atravesando, algo muy terrible; has una pausa y pide ayuda, tu vida vale mucho, tus vales mucho y te aseguro que Dios está a tu lado, incluso en este momento de oscuridad, no te des por vencido, la ayuda viene, ten fe y actúa".

¿Qué Tal Si Lo Que Piensas Que Es, No Es?

Ya de camino en la carretera, me llegaban todo tipo de dudas, ¿qué estás haciendo? Me decía yo solo, ¿acaso no ves que no necesitas ayuda?, estás bien, eso es para débiles, cientos de excusas atravesaban mi cabeza, para regresar y no enfrentarme a algo desconocido. Tenía miedo, ¡no sabía que esperar!

Por fin llegué a mi destino, y me puse en manos del mismo, por primera vez me sentía tan incómodo, y con tantas dudas y miedos, me encontraba en compañía de un jurado, un juez, un grupo grande de culpables como yo y un sin fin de víctimas.

Conforme transcurría el paso de las horas, expuse mi caso, ante demasiadas personas, más de las que hubiese querido, dije la razón que me hacía estar presente y me sentí tan mal, compartiendo mi dolor, mi sufrimiento, mi culpa y mis excusas, pero me sentía tan culpable que; soportaría de todo y me enfrentaría a todo porque me había convencido de que merecía un castigo y era el precio que debía pagar, humillarme públicamente.

Fue un proceso duro, por momentos vi cómo se me manipulaba, y seguía y seguía porque no tenía ningún otro camino para sanar, confié de más, pero conforme avanzaba ocurrió algo ¡todo tenía un propósito! De pronto, ese grupo de desconocidos al cual pertenecía, comenzó a mostrar sensibilidad entre sí, dejamos de ser jueces y empezamos a sentir una profunda empatía, reconocimos que sin duda vamos por la vida; usando un sin fin de máscaras y protagonizando el papel que nos corresponde en cada momento. El mundo es un teatro, en donde el drama, la comedia y la acción son parte del espectáculo, manipulados por creencias, y todo tipo de artimañas que nos impiden ver la verdad, pero ¿cuál es la verdad? Me preguntaba sin obtener una respuesta.

Mientras protagonizaba mi papel de capitán, en este ensayo, me encontré dirigiendo a un grupo de hermanos y hermanas a finalizar por primera vez los que empezamos a transformarnos desde un punto base, a llegar a un nivel de avanzados, en donde brotaron lienzos de liderazgo, rompimos barreras y por fin logramos llegar a nuestro puerto seguro.

En total fueron alrededor de tres meses, desde la primera vez que puse pie en este lugar hasta la última vez. 3 meses de estudio, de un cambio de filosofía, de empoderamiento, de creer en mí, de creer que soy capaz, de creer que: ¡soy un hombre con fuerza de voluntad, con logros y poderoso! Este fue mi lema durante la etapa final de mi proceso, y despertó mucho en mí, lo repetía como mantra, a diario, constantemente.

Al salir de nuevo al mundo, me enfrenté a una realidad bien distinta, volvía a lo mismo lentamente, mis antiguas costumbres se asomaban, se hacían presentes los demonios que me atormentaron por tanto tiempo, pero ahora poco a poco, ¡cómo que se burlaban de mí!, y me decían: ¿en dónde se encuentra ese hombre, con fuerza de voluntad, con logros y poderoso?

Fue muy difícil, no caer, me mantuve firme por tanto tiempo como pude, pero de nuevo vinieron pensamientos de suicidio, voces que me hablaban de acabar con mi vida, era una batalla constante en mi mente. Una noche, no aguanto mi corazón más y comenzó a fallar, sentí la muerte cerca otra vez, mi salud decayó, tuve varios ataques en mi vesícula también, todo lo que comía me hacía daño, no entendía que estaba pasando conmigo, era frustrante tener tanta información en mi mente de los 3 meses de aprendizaje, pero no tener la capacidad de darle a mi vida un giro, sentía que estaba atravesando un desierto literalmente. Y que solo debía seguir caminando y buscando el camino que me condujera a un mejor destino.

¡Solo nos acordamos de Dios, cuando lo necesitamos! Y efectivamente yo también caí en ese error, cuando me vi afligido y otra vez abatido por las

circunstancias, me volví a acordar de Él. Y Siempre, como un Padre fiel y compasivo, me envió ayuda de nuevo.

Un Encuentro Con Mi Creador

Estuve orando por varios días, no sabía cómo, pero tenía en mi mente bien claro que estaba siendo escuchado. Pedía por una oportunidad de poder librarme de todo lo que me aquejaba.

Fue en una noche, no me esperaba una llamada que cambiaría el rumbo de mi vida para siempre, Maricarmen una amiga de mucho tiempo, me dijo al responder la llamada, tengo algo para ti, y es de parte de Dios, pero tienes que venir, no preguntes más, solo ven, eran casi las 8 de la noche. Lo pensé unos minutos y me dije Marlon, de nuevo has pedido ayuda en oración, y Dios te manda a tu amiga y te manda un regalo, ¿qué esperas? solo ve. Tomé un paso de fe y partí.

Al llegar a su casa, tenía su patio arreglado para mí, tenía velas, sábanas blancas, había varios hermosos árboles que me hacían sentir en paz, preparo un espacio tan hermoso y humilde, pero se notaba el amor y el aprecio, el aroma que se desprendía de el incienso y mirra, me hacían sentir seguro he inquieto por saber ¡de qué se trata todo esto!

Me pidió, que oráramos para dar gracias a Dios por la noche, al ver hacia el cielo, me di cuenta que la luna nos alumbraba con su resplandor, hermosa luna llena. Todo tenía un toque de magia y espiritualidad, me dijo: "para mí es un privilegio el compartir contigo este regalo, recibí instrucciones precisas de Dios para que te lo entregara a ti".
Me quedé sin palabras, no sabía que responder más que ¡gracias! Con intriga.
¿Dime ya de qué trata todo esto? ¡Pregunté!

Me respondió: "Traté de dejar la explicación para el final porque quería sentir que estaba tomando la decisión correcta, y al ver como has fluido con todo. Me has confirmado que sí es para ti. Lo que te voy a decir es secreto, no es para cualquiera, te voy a mostrar como conectar con la fuente, con la luz, con Dios, y eso mi amigo, el regalo que tengo para ti".

Hicimos un rito ancestral, y posteriormente me fue ayudando a respirar profundamente, todo poco a poco comenzaba a tener un brillo distinto, me pidió que me recostara en un sofá que también había preparado para mí con sábanas blancas, me dijo ponte cómodo, y solo sigue mis indicaciones; conforme respiraba y seguía su voz que me guiaba, para ir entrando en una meditación profunda, lentamente, respiraba y me concentraba en el ahora, sentía como mi cuerpo poco a poco se relajaba más y más, pasaban los minutos y de pronto sentí que mi cuerpo estaba pero yo sentía que me encontraba fuera de él, como si flotara, hasta que de repente sentí una luz tan hermosa y brillante color amarillo dorado se iba acercando a la coronilla de mi cabeza, hasta que entró en la misma y descendió poco apoco hasta llegar a mi corazón, sentí de pronto una presencia tan hermosa, para poder describirla, quisiera tener la habilidad de un poeta para poder expresar la maravillosa sensación, que sentía. Tanto amor, paz, luz, energía, todo y más...

Inmediatamente supe que me encontraba en la presencia de mi creador, y lo primero que sentí fue: "¡vergüenza!", no me sentí en ningún momento juzgado, pero sentí como venían a mi mente al instante, todas las ocasiones en donde fallé y solo ¡pude comenzar a pedir perdón! No era que Dios me lo estaba pidiendo, solo sentí en mi ser que era la oportunidad para hacerlo. Me encontré de un momento a otro pidiendo perdón por todo lo que venía a mi mente guardado en mi memoria, y con cada palabra de mi boca sentía como un peso, era quitado de mi ser, entre más pedía perdón más ligero sentía mi cuerpo, hasta el momento que me sentí flotando.

Y sentí como literalmente me convertí en un niño chiquito arrullado por mi creador. Con un respiro dije "gracias" y de pronto su presencia se marchó y una presencia diferente pero familiar vino a mí; mi hermano Alex, sentí su abrazo y le pedí perdón inmediatamente. Me frenó con una palabra, "¡hermano! Y prosiguió no tengo nada que perdonarte, fueron mis decisiones las que me condujeron a mi muerte, ¡no sabía lo que hacía! Pero no te preocupes ahora estoy bien, estoy en paz y feliz". Le dije que lo extrañaba y que lo amaba mucho, sentí un último abrazo. Para después sentirme en paz y en un momento de felicidad indescriptible.

Abrí los ojos, mi amiga estaba de rodillas, orando por mí, con lágrimas en los ojos le dije; gracias, gracias, gracias y así muchas veces, tantas como pude, le besé en su frente, la abrazé y le expliqué lo que había vivido, se alegró y me dijo: "¡sabía que lo lograrías!" Le conté todo, me escuchó con paciencia y con emoción. No podía contener mi felicidad, me sentía en paz, perdonado, libre, sentía de todo.
Me preguntó: "¿Sabes cuánto tiempo ha pasado?" Respondí, 40 minutos, ¡una hora, talvez!, y me dijo: "han pasado 5 horas más o menos". Me quedé en pausa y dije: "¿Cómo?" Sí, respondió ella: ¡el tiempo en la presencia de Dios es relativo! Simplemente se comporta de manera diferente a lo que estamos acostumbrados.

Me dijo es tiempo de que regreses a tu casa, cuando sea el momento correcto, hablaremos más, sobre esto, ¡por lo pronto descansa y sigue dando gracias! Eso te preparará para más y mejores cosas.

¡Desde ese día nada volvería a ser igual!

No vuelves a ser el mismo después de estar en la presencia de Dios, ahora la pregunta sería, ¿estaré listo para lo que viene?

Todo Tiene Un Comienzo

¡Todo tiene un comienzo y es con una decisión que empieza a contemplarse una nueva realidad!

Por muchos días, continue reviviendo en mi mente, todo lo vivido esa noche. Venían memorias del pasado y todo tipo de emociones que las acompañaban, era como si hubiese destapado un portal para tener una conexión conmigo mismo.

Al cabo de unos días, hablé con mi amiga, ahora convertida en una guía espiritual para mí. Siempre tan linda como ella es, me dijo soy tu amiga y lo que viviste es solo el comienzo de un camino muy largo y difícil, es por eso que son pocos los que lo recorren, llega hasta donde tú sientas el llamado, como primer paso, te diré que tienes que empezar por estar bien tú, y cuando ya puedas ver, ¡podrás ayudar a otros a entender!

El camino empezó con Marycarmen, pero conocí a muchos otros guías espirituales, Mary, Cesar, Vero, Mamá Eva, Lidia, Lucy, Luz. A muchos maestros, a muchos compañeros de viaje, a personas que admiro mucho y que están en búsqueda de la verdad, a seres de luz, a ángeles, y a un grupo de personas comprometidas a ser de este mundo un lugar mejor, gracias hermanos, gracias hermanas.

Llegó el conocimiento a mí de diversas fuentes, mis meditaciones profundas, llegaron a ser más profundas y sublimes y me han ayudado a encontrar un propósito a mi existir, una guía para vivir de una manera correcta y adecuada, para mi propio bienestar.

Hoy decido compartir este conocimiento contigo con la única idea en mi mente de brindar un poco de luz, conocimiento y herramientas que te ayuden a mejorar tu vida, primero Dios, al tú estar bien, podrás prosperar tanto que ayudarás a otros a encontrar el camino, y así poco a poco, sembrar una nueva semilla en el mundo para obtener frutos mejores en los años que están por venir, pero más aun, que nuestros hijos y los hijos de nuestros hijos puedan heredar un mejor mundo para vivir.
¡Está en nuestras manos!

Pocos Son Los Elegidos

¡Muchos serán los llamados, pero pocos los escogidos!

Todo este tiempo, conservaba en mi mente la falsa idea de que tendría que ser un elegido, que escucharía una voz; que me llamaría por nombre y apellido y me dijera ven y sígueme. Todos somos hijos de Dios y el llamado es para todos, no hay discriminación en el Reyno de mi Padre. ¿entonces quien escoge, si la voz no viene de afuera?

NOSOTROS MISMOS, Nosotros decidimos si estamos listos para avanzar y seguir los pasos que nos conducen a la verdad, a la libertad, a la felicidad, al Reyno de Dios.

Somos nosotros, los que tenemos que seguir los pasos del Maestro Jesús ¿Pero cómo sabemos si es nuestro tiempo? Simplemente, es algo que se siente, ¡simplemente se siente! Para mí llegó el momento a través de la dificultad y los desafíos, me harté de la vida que llevaba, de hacer daño y de hacerme daño, me harté de sentirme culpable de todo, de ser mal padre, mal hijo, mal hermano, mal amigo, ¡mal todo!

Me harté de sentir que no merecía amor, de ser la víctima y el victimario, me harté de no saber qué hacer con mi vida, de vivir sin propósito, de no entender el significado de la vida, de caminar sin sentido, me cansé de orar por un mundo mejor, esperando que algún día viniera el maestro Jesús como en una película de Hollywood acabando con todo lo malo, me cansé de esperar y decidí ser parte de la solución, me cansé de ser un cristiano y ser más como Cristo.

Y es en este momento que te pregunto:
¿Estás harto ya?, o ¿quieres más?
¿Quieres sanar?
¿Quieres dejar de hacer el mal?
¿Quieres ser parte del cambio?
¿Quieres conocer la verdad?
¿Quieres vivir el paraíso aquí en la tierra?
¿Quieres entender tu propósito?

¿Quieres ser un escogido?

Si esto es algo que sientes en tu corazón, entonces ¡siente el llamado y toma acción! Si no lo sientes aún, no te preocupes de igual forma puedes seguir leyendo, el conocimiento es para todos, la gran diferencia es lo que haces con él.

¡Te invito a mejorar y a ser feliz!

Lo que sigue después de esta página, estará bajo tu criterio, no intento cambiar tu manera de actuar, pensar o ser, deseo lo mejor para ti, así que, si mis palabras te ayudan a mejorar tu vida, a sanar, a hacerte discernir en el porqué de las cosas, abrir tus ojos a una realidad distinta a la que conoces, a cuestionar todo y a todos, a amarte como nunca, a conocer a Dios realmente, entonces...¡Habré cumplido mi objetivo!

No me creas nada, te invito a que lo compruebes todo por ti mismo, si vibra contigo, con tu ser, si sientes que lo que te digo tiene un poder positivo sobre tu vida. Sigue y no pares, repite y repite cualquier capítulo que resuene contigo.

Lee este libro en el orden que te parezca correcto.

Y por, sobre todo, ¡busca ayuda si la necesitas!

Este libro es una conversación entre amigos, Dios te bendiga y gracias por tu tiempo, que ¡es lo más valioso que tenemos!

¡Te invito a que seas la luz que este mundo necesita!

¿Te interesa?

¡Comencemos!

CAPÍTULO 2

La Verdad Es una Esfera

Solo hay un pequeño detalle, esta es mi verdad. Te estoy invitando a conocer la vida a través de mis ojos, y todo el conocimiento recibido a lo largo de muchos años, y sobre todo con el permiso y la inspiración de Papá Dios, por medio de mis múltiples meditaciones.

He recibido un regalo maravilloso, que me ha ayudado muchísimo, a comprender todo sobre la vida y el porqué de tanto. Aun me falta más por saber, pero cada día sigo comprometido con mi aprendizaje para poder entender más. Pero a la vez respeto y entiendo que todos conocemos una verdad. Cada uno de nosotros tendrá una versión bien distinta a lo que su verdad es. Porque cada uno ve la verdad de una perspectiva distinta, de un ángulo distinto según como su vida se ha ido desarrollando, es por eso que la verdad es como una esfera, y depende de donde estés parado, es así como visualizas una realidad distinta.

Pero ¿cómo podemos usar esto a nuestro favor? Entendamos que todos queremos tener una mejor vida, llena de amor, abundancia, prosperidad, felicidad, paz y toda emoción que nos lleve a una frecuencia más alta.

Entonces, lo que debemos hacer es fijarnos en los frutos, como decía mi maestro Jesús, "por sus frutos los conoceréis", si los resultados que estas obteniendo, no te hacen feliz, entonces busca a alguien, que esté dando resultados que sean de tu agrado, y has un cambio consciente, has lo que esta persona hace, imita sus hábitos, para que tú también tengas, resultados parecidos, no puedes obtener naranjas si eres un arbusto de espinas. Por el mismo principio, si quieres ser más, tener más, ayudar más, obtener más de la vida, primero tienes que sembrar en tierra fértil, una semilla que de frutos que sean de tu agrado.

La mente es la tierra, primero tienes que reconocer que está llena de cizaña, árida, seca, sin vida, hasta cierto punto hostil. Y comienza a trabajarla, quita lo que estorba y añade lo que necesita. En unos meses los frutos serán distintos y tu verdad ahora se habrá modificado, y darás un testimonio diferente, y cuando eso pase, estarás listo para volver a modificar todo a un nivel más profundo que te dará mejores frutos y así sucesivamente.

Iremos trabajando juntos, para descubrir paso a paso que es lo que estorba en nosotros y que es lo que necesitamos para cambiar nuestras vidas y llegar a un siguiente nivel.

Te garantizo que después de que trabajemos juntos, no serás el mismo, porque te darás cuenta de lo que vales en realidad, para Dios y para ti. Y querrás cada vez más, de una forma sana, mejorar y mejorar para ser más útil, no por obligación, más porque te nace el poder ayudar.

¡Una bendición solo es bendición, si se comparte!
Comparte el conocimiento que vayas aprendiendo, aunque sea con solo una persona, porque: ¡cuando enseñas vuelves a prender! Haz una apuesta con un amigo o un ser amado, haber quien aplica más el conocimiento que en este libro encierra.

Se que te ayudará todo, porque antes de escribirlo, yo personalmente lo puse en práctica y lo enseñé a muchos de mis amigos y seres amados. "Sí funciona" y "Sí se puede tener esa vida que siempre deseaste, te lo dice alguien que está cosechando frutos en abundancia ¡por la gloria de Dios!, más de lo que jamás pensé en tener, pero aún muy poco comparado a lo que un hijo de Dios puede y merece de esta vida.

Por si hoy no te lo han dicho "TE AMO" yo también estuve allí, te entiendo, no estás solo, juntos llegaremos muy lejos, porque todos somos hijos de el mismo Padre, nada más no sabemos lo que hacemos, pero de ahora en adelante tendrás todas las herramientas y conocimiento que harán, que seas de bendición para este mundo, y todas las personas que somos parte de él.

Ferrari

Hace ya unos cuantos años, recuerdo que uno de mis primeros trabajos aquí en Estados Unidos, fue en una tienda de medicina natural. La dueña, me entrevistó para ser vendedor y me habló de comisiones y me dijo que ganaría mucho dinero con ella, pero que le tenía que echar muchísimas ganas al trabajo, y que por favor ocuparía verme mejor, porque en ventas por cómo te ven te tratan. Me dio instrucciones que me presentara al día siguiente a las 9 para empezar a trabajar.

Recuerdo, no tenía mucho dinero en ese momento, pero invertí lo que tenía en camisas de vestir, y un par de pantalones y zapatos para verme bien en mi primera semana. Con toda la motivación del mundo me presenté a trabajar, estaba muy nervioso por todo lo que tenía que aprender, pero a la vez me sentía ilusionado, porque de niño siempre soñé con ser doctor, entonces me entusiasmaba la idea de estar aprendiendo de una doctora naturista, era lo más cercano que había estado de la medicina.

Estaba esperando mi primera clase sobre medicina natural y el porque es importante y talvez un manual para aprender, y poder ayudar a muchas personas. Creo que es algo que siempre imaginé hacer, como sea tenía en mi mente toda una película ensayada de como seria mi primer día de trabajo. Mi realidad fue otra, recuerdo le dijo a Carlos, un vendedor de ella: ¡enséñale su trabajo!

Posteriormente Carlos agarró, un montón de volantes y me los entregó, diciéndome: "Tu trabajo consiste en estar aquí en la calle, saludando a las personas, la idea es que las convenzas, para que entren y nosotros venderles las medicinas".

Definitivamente, no era lo que esperaba, pero de igual manera le eché ganas. Las semanas pasaban y ya me había acostumbrado, a estar en la calle, siendo rechazado, ignorado o humillado por una que otra persona, pero como siempre me han gustado los retos, mi misión era pasar a cuanta gente pudiera, manteniendo siempre el buen ánimo.

Hasta un día en el que un caballero se acercó y al responder su saludo me dijo: "te voy a hacer una pregunta" ¿tú le darías un Ferrari a una persona que no sabe manejar?
¡Me quedé pensando! Él se despidió y se fue sin darme la respuesta.
Desde ese día, llevo esa memoria conmigo y ahora después de varios años comprendo por fin el significado de aquella pregunta:

¡YO SOY EL FERRARI! y lamentablemente desperdiciamos, talentos, juventud y vida en manos de personas que no saben manejarnos. Y como culparlos, ellos atravesaron por la misma situación. Desde ahora entiendo que es mi responsabilidad, manejarme, y sacar lo mejor de mí, ahora comprendo que soy hijo de Dios y como tal, tengo toda la capacidad para competir de gran manera en el juego de la vida, poniendo en alto la escudería de mi Padre, y enseñando a otros a que tienen la capacidad de ser un Ferrari, que no se conformen con ser menos, que agradezcan lo que son en este momento, pero

que se conviertan en todo lo que puedan llegar a ser.

Lo que más me ha servido, es reconocer que no siempre tengo el control de mi vida, muchas veces no sé lo que hago, pero sé que todo va a estar bien siempre, porque ahora Dios maneja a mi lado en todo momento, y si en algún momento pierdo el camino, yo sé que él estará allí para mostrarme por donde debo seguir.

Los Ferraris, también ocupan a un grupo de personas que los ayuden a rendir mejor. Así que está bien el buscar apoyo en los demás cuando se necesita, está bien en buscar la ayuda idónea y ser la ayuda idónea, y también ser humildes y reconocer cuando no somos la mejor opción. Si en algo puedo aportar a tu vida cuenta conmigo, si no soy yo la persona correcta busca hasta que encuentres esa ayuda, pero no desistas, ¡persiste!

De un Ferrari a Otro, "ÉXITOS".

CAPÍTULO 3

Asume Responsabilidad De Ti Mismo

El paso que te hará completamente libre, y te hará obtener todo lo que decidas en la vida, es: tomar responsabilidad de ti mismo. Por mucho tiempo le echamos la culpa a todos los que se nos atraviesan por el camino, por nuestra vida, como dicen le echamos el muertito a todos.

Comenzamos desde niños con nuestros padres, es su responsabilidad mantenernos, y ayudarnos. En su ausencia; les corresponde la responsabilidad a nuestros abuelos, el velar por que lo tengamos todo. Los siguientes favoritos en la lista: nuestros tíos. Buscamos de todo familiar disponible para que nos "ayude", ósea que se haga responsable por nosotros.

Pero esto es algo que también, pedimos a maestros, amigos, hermanos, novios, vecinos, conocidos, todo aquel que tenga el más mínimo vínculo, es un candidato.

Después cuando tenemos una pareja, nos refugiamos en este ser especial para que se haga cargo de nuestra felicidad; a las mujeres desde chiquitas se les dijo que vendría ese príncipe azul a rescatarles y darles su castillo y todo lo que se merecen. Entonces algunas se compran la historia y esperan, esperan y esperan. En mi caso yo me creí que era el príncipe azul, y me di a la tarea de ayudar a damiselas en "peligro" cada vez que se prestara la oportunidad.

Me olvidé de mí, y me concentré en proveer y dar todo lo que, según yo, me correspondía, sin si quiera consultar si era necesario tanto sacrificio, asumiendo una carga tras otra, tras otra... Y no es que sea malo dar de uno, pero hay una medida que se debe respetar.

Luego con el pasar de los años les corresponde a nuestros hijos el tomar la carga, ahora ellos tienen la responsabilidad de nuestra vida hasta que lleguemos al otro lado, porque según nosotros les dimos la vida y los cuidamos.

También me falta mencionar al gobierno, es una de las principales excusas para no tomar responsabilidad nunca de nuestras vidas; decimos "por culpa del gobierno", por culpa del presidente, por culpa de mi jefe, "nos paga muy poco", "no nos paga lo suficiente".

Culpamos a Dios, por todo lo que tenemos que sufrir y pasar y esperamos que a base de oración y milagros nuestra vida mejore y sea perfecta.

En fin, esperamos un salvador que venga y acabe con toda la maldad de golpe en el mundo y nos lleve a un paraíso... ¡Para por fin ser felices eternamente!

No te voy a decir, que no existe un paraíso, porque la verdad es que, sí existe, pero puedes comenzar a vivirlo desde aquí en la tierra.

El primer paso para lograr vivir de una manera tan hermosa, sin importar el lugar en donde te encuentres, donde abunde la leche y la miel, donde tengas todo lo que deseas y más: "toma responsabilidad de ti mismo".

Si lo haces, dejarás de estar en un estado de reposo, en el que has permanecido por muchos años y te "activas".

Cuando sueltas la idea de que alguien va a venir a salvarte, te conviertes en tu propio salvador, y comienzas a ver oportunidades en donde antes solo mirabas obstáculos. Comenzarás a fluir de tal manera, que por arte de "magia". Ósea de esfuerzo, dedicación, trabajo duro, comenzarás a ver mejores frutos, el dinero de pronto comenzará a abundar en tu vida, en tu trabajo te irá mejor, todos querrán ser parte de tu vida, ya no se esconderán; pensando que vienes otra vez a que te resuelvan un problema.

Los problemas serán para ti ahora, bendiciones disfrazadas. En la escuela te irá mejor que nunca, de pronto obtendrás mejores calificaciones, porque ahora depende de ti completamente, ya nadie te ayudará con las asignaciones. Y eso comenzará a ser parte de tu vida. Tomarás orgullo en todo lo que hagas y será tu misión obtener mejores resultados en todo.

Lo más hermoso, es que, al depender solo de ti, estas en total control de tu vida, ya no tienes que soportar maltrato alguno por necesidad, por falta de dinero o porque no sabes qué hacer con tu vida. Nadie se aprovechará de ti, porque no se los permitirás, y si lo permites porque no tienes otra opción, será algo momentáneo, porque te darás a la tarea de retomar el control de tu vida. Podrás ahora bendecir y ayudar a otros porque tendrás más que suficiente. Y lo harás por amor, no porque alguien se está haciendo la víctima y busca que le resuelvan su vida.

Con tu pareja, se acabará el cuento de hadas, en donde nadie será una carga para nadie, pero sí una bendición, sabes el significado de esposo/a: "ayuda idónea" y en eso se convertirán ambos, tratando de ayudarse mutuamente todo el tiempo, haciendo que su vida sea muy hermosa y bendecida.

Te enfocarás tanto en ti y en todos los talentos que Dios te ha dado, que te darás cuenta que en realidad nunca lo has necesitado de la manera incorrecta en la que lo hacías, en lugar de pedir milagros, te convertirás en el milagro, buscarás a Dios por consejo, por amistad y por amor. Tu relación con Dios será hermosa y sentirás el calor de un padre, así como yo lo siento. No estarás solo nunca más, porque aparte de Dios, no olvides que tienes muchísimos hermanos aquí en la tierra, pasando los mismos desafíos y buscando un mejor lugar para todos, un paraíso aquí en la tierra.

Eleva tu conciencia, toma responsabilidad de tu vida y predica con el ejemplo. Retoma el control de ti y has lo que sea que te haga feliz, que esté en comunión con tu esencia.

Bendiciones Siempre, Prosperidad, paz, abundancia y amor todos los días de mi vida, por decisión mía, tomo responsabilidad de mi ser, cuerpo y vida y usaré los talentos que me fueron dados por mi Padre Celestial al nacer, y que es mi responsabilidad, descubrir y poner en uso, y conforme lo haga, estaré en mejores condiciones para recibir, más y mejores talentos para producir mejores resultados ayudar y bendecir mi vida, y la de todas las personas que sean parte de la misma, por amor y decisión mía, sin ataduras ni obligaciones, siempre por amor y por amor a mi padre, amén.

Hazte Cargo

Después de darnos cuenta que, somos los únicos responsables de poder cambiar nuestra vida, después de reconocerlo es cuando nos preguntamos ¿qué sigue ahora?

Ahora mi amigo, comienza la batalla de una guerra que durará probablemente toda nuestra vida, una guerra que tiene como campo de batalla, nuestra mente. El enemigo está en nosotros, "el pecado que mora en mi", ocupa un lugar que no le corresponde y nos controla sin saberlo, nos manipula, nos hace esclavos a su voluntad. Es por eso que, esto va requerir de nosotros, todo lo que tenemos y somos para inclinar la victoria a nuestro favor, no es para cualquiera. Pero si ya estás harto de todo lo que llevas cargando, si ya estás harto de ser infeliz y depender de otros para serlo, si sientes que la vida ya no tiene sentido, si sientes que tu vida tiene un propósito pero te extraviaste en el camino, si tienes sed de justicia y sientes que te mereces una mejor vida, si sientes que aún no has dado lo mejor de ti, pero no sabes cómo hacerlo, si sientes que le has fallado a todos, pero sobre todo le has fallado a Dios y a ti mismo, y estas avergonzado por ello, si quieres hacer las cosas bien pero no sabes cómo, si no entiendes el significado de la vida y quieres saberlo, si ya no quieres tener miedo, si estas listo para enfrentar a tus demonios y reclamar tu vida. Si estás listo para sanar, para amar, para ser feliz, para vivir una vida plena y llena de experiencias que te hagan suspirar de emoción.

Entonces vamos a necesitar una razón muy fuerte para ir por esa vida que deseamos, si no tenemos un ¿por qué? bien claro y definido del por qué seguir luchando, nos quedaremos derrotados en las primeras batallas, ocupamos sacar desde adentro de nuestro ser un motivo que supere todo miedo, obstáculo y duda.

En mi llevo 5 razones bien claras del por qué tengo que ganar la guerra contra el mal que está en mí.

En primer lugar, esta Dios, no siempre fue así, pensaba en todo, pero nunca lo incluí en mi vida, ahora es distinto, para mi Él lo es todo y es por amor a Él, que he decidido dar lo mejor de mí, y aprovechar todos los talentos que él me ha dado, por agradecimiento a la vida que me ha regalado, por salvarme de la muerte, por liberarme, por sanar mi cuerpo, mi alma, mi ser y por darme la oportunidad de ser papá.

Yo, soy una de las razones más importantes, porque descubrí que no podría dar si no tengo, como voy a ayudar si, soy yo el que ocupo ayuda, como voy a amar sin amor en mi corazón, como voy a ver en realidad; lo que le pasa a mi prójimo, si tengo una viga en mi ojo que me impide ver. Al estar bien yo, todos los demás estarán bien.

Mis hijos, una de las razones más importantes para darlo todo, y buscar la vida que me merezco; han sido mis hijos, desde la primera vez que me enteré; que sería papá, en mi nació un deseo de luchar y esforzarme, porque ellos tuvieran lo mejor de la vida, lo que yo no tuve, pero al ponerlos en primer lugar por mucho tiempo, me sacrifiqué de más, y todo mi estrés, mi rabia y corajes, fueron recibidos por ellos, me esforzaba por darles algo que ni siquiera me pedían, me había engañado a mí mismo creyendo que eso me convertía en un buen padre, al estar yo antes, al ser yo feliz, puedo de verdad darles amor y llenarlos de felicidad a ellos.

Mi familia, mi mamá, por darme la vida, mi esposa, por ese amor incondicional, por darme unos hermosos varones, mis hermanos; en todos ellos me motivo para luchar y esforzarme, para tener la posibilidad de darles lo que se merecen para apoyarlos siempre. Son un pilar fundamental en mi vida, y sobre todo una razón importantísima para no darme por vencido.

Mi prójimo, siempre ambiciono a más, porque solo teniendo más puedo llegar, a más lugares, solo con más, puedo tener la posibilidad de colaborar para que alguien pueda tener una oportunidad de lograr vivir una vida digna, con más puedo brindar la oportunidad de brindar a alguien la posibilidad de tener educación, de tener agua potable para beber, de tener un regalo de navidad, al tener más, puedo ayudar a esas fundaciones que llevan rayos de esperanza a comunidades enteras alrededor del mundo, al tener más, podemos pensar en otros y devolver un poco de todas las bendiciones que recibimos día a día gracias a nuestro padre celestial.

Es triste que tantos niños alrededor del mundo estén sufriendo por no tener alimentos y hay personas que acumulamos riquezas, solo para sentir que tenemos, para sentir que valemos, para sentir que somos.

Sé que todo cambiará, sé que todo mejorará, tengo la certeza de que al despertar nuestra conciencia, lograremos hacer la diferencia en el mundo.

Es por eso que te doy las gracias por pelear la batalla más importante de tu vida, la batalla por ti. Busca tantas razones como puedas y escríbelas, tenlas cerca de ti, léelas a diario, que sea una de las primeras cosas que miras al levantarte, sobre todo en esos días que no quieras hacerlo, en esos días que quieras tirar la toalla y darte por vencido. Recuerda tus razones para continuar, si ocupas descansar, que sea un momento porque lo que habita de intruso en nosotros, eso no descansa, siempre está pendiente de un descuido nuestro para aprovecharlo y hacernos caer.

Mantente alerta todo el tiempo, conforme las páginas avanzan descubriremos herramientas para inclinar la batalla a nuestro favor y retomar el control de nuestras vidas, solo ten fe y no te rindas, va por ellos, por las personas que dependen de nosotros, va por nosotros, va por todos.

CAPÍTULO 4

¿Quiénes Somos?

Tenemos que saber en realidad quienes creemos que somos, tomarnos el tiempo para conocernos en realidad, conocer cada detalle, conocer todo lo que nosotros consideramos malo, bueno o regular. Solo recopilar tanta información como nos sea posible y comenzar a anotar todo en un cuaderno, no se trata de mentir, ni quedar bien, lo ideal es ser imparciales; se trata de recopilar tanto como puedas, para entender mejor desde donde estamos partiendo, con la mirada puesta en mejorar. Pero si no conocemos en que vamos a trabajar, sin ese punto de partida nos llevaría más tiempo el corregir, el mejorar, el sanar. Sin saber nuestros gustos, nuestros pensamientos, nuestros deseos, nuestras habilidades, nuestros miedos, cosas o personas que odiamos, que amamos, o que nos dan igual.

Toda esa información es necesaria para ir mejorando, para luego descubrir el ¿por qué de nuestras decisiones?, ¿por qué nos inclinamos más hacia una postura de ver las cosas?, ¿por qué nos llama más la atención un tipo de personas, más que otro?, ¿por qué nos gusta más un perfume?, ¿por qué rechazamos un sabor, un aroma? ¿por qué?

Todos estos "¿por qué? "No ocupan tener respuestas, solo lo que nosotros creemos estará bien, porque lo que queremos con esto es, entendernos mejor para saber en realidad que es lo que queremos.

Tantas veces, tomé decisiones sin saber ¿por qué?, tantas veces elegí una persona sin saber ¿por qué?, tantas veces fallé, sin comprender ¿por qué lo hacía?, tantas cosas que hice mal sin una respuesta específica de un ¿por qué?, que me hiciera entender una razón convincente, tanto odio, tristeza, o emoción que se hacía presente sin ser invitada al estar en presencia de alguien o algo, ¿Por qué reacciono de tal manera?, ¿Por qué me comporto así?

Escribe lo que vayas descubriendo y conforme avances, te darás cuenta que cuando lo haces, tus pensamientos se van aclarando y tu mente poco a poco comienza a entender, y si no encuentras las respuestas aún, no te preocupes, todo llegará cuando sea el tiempo, a veces no estamos listos para saber. Confía en el proceso y respeta el proceso de cada quien.

Todos pensamos que todas las demás personas son diferentes a nosotros, cuando en verdad todos somos iguales, no importa de donde eres, todos absolutamente todos pasamos por situaciones que no deseamos, todos tenemos miedos por superar, todos tenemos dudas, curiosidades, y pruebas por vencer, todos necesitamos conocernos mejor, para saber que queremos de la vida, porque vamos por la vida queriendo que todos nos entiendan, cuando muchas veces ni nosotros logramos entendernos.

Tomémonos el tiempo de descubrir lo maravilloso que podemos llegar a ser, descubramos lo que nuestro cuerpo es capaz de hacer, correr más rápido, saltar más alto, jugar un deporte a un nivel impresionante, descubramos lo que nuestra mente puede hacer, todo lo que es capaz de aprender, de crear, descubramos nuevas habilidades, exploremos nuestro potencial, pongámoslo a prueba día a día, seamos como niños, curiosos por saber, por aprender, por vivir.

CAPÍTULO 5

Con Nuestros Pensamientos Cambiamos Nuestro Mundo

Todo comienza desde nuestra mente, es tan fácil como eso. Algo que tengo bien claro es; que conforme nuestros pensamientos, así es nuestra realidad. Debemos hacer un cambio en la programación que llevamos dentro, para que nuestra realidad por fuera cambie.

Desde muy pequeños, se nos van inculcando pensamientos, tradiciones, modismos, ideologías, maneras de ser, de pensar, de actuar, a través de nuestro entorno. Ya sea por medio de nuestros padres, amigos, hermanos profesores, el gobierno y la sociedad en sí. Estamos condicionados por el lugar en el que nacemos. Y está bien, porque en ese entonces se desconocía una mejor manera de educar, de enseñar, de transmitir un conocimiento correcto a los seres que comenzamos en este mundo. No existía un manual al alcance de todos, el conocimiento era algo reservado para pocos, aún hoy en día, a pesar de que hay tantas herramientas para aprender, mejorar y transformar nuestras vidas, ya muchos han sido programados por tanto tiempo de una manera, que no es lógico otro tipo de pensamiento.

La repetición, es la manera en la que un nuevo pensamiento o hábito pasa a ser parte de una nueva programación, sentirás que te estoy hablando como que somos computadoras, pero en realidad, nuestro cerebro funciona de esa manera y nosotros tenemos la computadora más poderosa que pueda existir, pero la hemos limitado.

Comienza a poner una programación distinta en tu mente, cuándo ves televisión te estás programando, por lo que se está transmitiendo en ella, cuantas veces salían escenas de acción donde los actores manejaban sus carros a gran velocidad, y al terminar la película querías agarrar tu carro y manejar de la misma manera, o mirabas a un galán conquistar a una mujer y repetías lo mismo esperando un resultado similar, o acaso no tuviste miedo, después de una película de terror, que hasta incluso eras incapaz después de apagar la luz. Y ejemplos como estos hay muchísimos, solo tienes que despertar y ver que, en realidad, nosotros mismos; hemos cedido nuestro poder creador a factores externos.

Qué tal si comenzamos a retomar el control de nuestras vidas, y comenzamos a poner en nuestra mente una programación diferente, más de acuerdo a lo que queremos y amamos. Qué tal si comenzamos a construirnos ¡el paraíso aquí en la tierra!

Comencemos por dejar de ver, escuchar y decir todas aquellas cosas que sabemos nos hacen mal, o, mejor dicho: nos hacen sentir cualquier tipo de energía negativa, el escuchar música triste, ver películas de violencia, ver noticias desagradables. Con solo ese cambio en unos días sentirás que tu energía se incrementa y que todo tiene un brillo distinto.

Sé que será complicado controlar tus pensamientos, para mí fue difícil, pero es posible, y eso es lo único que necesitamos, que sea posible. Eso nos da una esperanza de que puede ser hecho. Y recuerda siempre, si alguien ya lo hizo entonces es posible para ti.

No subestimes los pasitos de bebé, es la constancia la que hará el milagro. Entre más inclines la balanza, a un tipo de pensamiento más de acuerdo con la realidad que te interesa, más te acercas a que eso que quieres que se haga una realidad, recuerda: "Si lo ves en tu mente lo tendrás en tu mano".

CAPÍTULO 6

No Uses El Nombre De Dios En Vano

Mas que un mandamiento, es una regla para nuestro propio bien. ¿Tú sabes cual es el nombre de Dios?

Dios con su inmensa inteligencia, fue tan sabio que, al nombrarse, ¡se incluyó él con nosotros! Convirtiéndose en uno con nosotros.

Su nombre es "YO SOY".

Ahora, cuántas veces usas su nombre en vano, te digo algo: la palabra tiene poder creador, y constantemente creamos cosas que no deseamos por nuestra propia boca.

Yo soy pobre.

Yo soy tonto.

Yo soy lento.

Yo soy mal padre.

Yo soy mal hijo.

Yo soy mal esposo.

Yo soy mala madre.

Yo soy mala mujer.

Yo soy malo.

¿Ves? usamos todo el tiempo el nombre de Dios en vano, y aparte de sentirnos mal, estamos atrayendo cosas que no deseamos a nuestra vida, y luego nos preguntamos porque nos va tan mal. Somos nosotros mismos los que estamos a cargo de nuestro destino, pero al igual que tardó un tiempo, en que entráramos en ese hueco, en el que muchas veces sentimos que estamos metidos, tardaremos un tiempo en salir y cambiar nuestra vida, llevándola a un plano diferente. Ten paciencia, pero toma acción constante. Recuerda, "repetición".

Si te encuentras teniendo pensamientos negativos, o usando el nombre de Dios en vano, ahora sabes que no está bien, porque no te conviene, ni siquiera pienses que Dios te castiga. Ese Dios castigador no existe. Somos nosotros mismos que nos hemos creado una novela.

Recuerda de ahora en adelante en usar el nombre de Dios de una manera correcta, de forma positiva, que te empodere y te haga sentir mejor y lleno de vida.

YO SOY FUERTE

YO SOY AGRADECIDO

YO SOY INTELIGENTE

YO SOY DIGNO DE RECIBIR AMOR

YO SOY FELIZ

YO SOY ABUNDANTE

YO SOY PROSPERO

YO SOY BENDECIDO

YO SOY HIJO DE DIOS

YO SOY UN BUEN HIJO

YO SOY UN BUEN ESPOSO

YO SOY UN BUEN PADRE

YO SOY EN EXCELENTE SER HUMANO

YO SOY UNA BENDICION PARA TODOS

YO SOY UN SER DE LUZ

YO SOY AMOR

YO SOY LUZ

YO SOY

También te pido que recuerdes que "YO SOY" es el nombre de DIOS, muchos no lo saben y lo usan desde el EGO, pero tiene una sensación diferente, porque cuando lo usas, alimentas más al EGO. Muchas veces te va bien en la vida, porque encontraste tu pasión y pusiste empeño y lograste salir adelante, ahora crees que es solo gracias a ti, y se te olvida que muchas personas, te ayudaron a estar en donde estás y que DIOS te dio el talento para llegar a ese lugar en donde te encuentras, pero entonces dices:

Yo soy, el mejor a mí nadie me gana, nadie puede conmigo.

Yo soy, bien chingón.

Yo soy poderoso, soy invencible.

Yo soy tan bueno, que puedo comenzar de cero, y lo vuelvo a hacer todo de nuevo.

Yo soy el mejor.

El problema, es que NO lo estamos haciendo con humildad, y por ley; al que es altivo y prepotente, crea una energía de rechazo por donde quiera que va, busca personas que lo adulen, que le alaben todo el tiempo en su presencia, pero es tan ciego, que está provocando en los demás una línea de separación tan grande, que incluso muchas personas llegan a decir: "ojalá que le vaya mal, para que se le quite lo presumido". Ten cuidado, lejos de ayudarte, la energía cambia, y te alejas de la abundancia y se siente que le estás pidiendo a la vida que te quite todo para demostrar que, si eres "super chingón", no te compliques la vida.

Si tú estás en esa frecuencia, es tan simple como reconocer, que estás mal y hacer un cambio de actitud. Porque no es que sea tan malo, algo te llevó a tener éxito en tu vida, de seguro tienes muchos talentos, que has trabajado mucho, tienes muchos hábitos que has adquirido conforme el tiempo, mereces mucho de la vida y Dios te bendice, pero solo se trata de hacerlo de la forma correcta, para que Dios te bendiga aún más, y no pongas en riesgo lo que tienes solo para aprender una lección.

Y un hábito nuevo de "reconocimiento" reconocer de donde viene la inspiración, la salud, la inteligencia, de donde procede todo esto y dar gracias, al igual que las personas que están a tu lado en todo el camino a el éxito que ahora tienes, si estás allí, te garantizo que de una u otra manera, alguien en algún momento te ayudó. Cuando a sus empleados les hablan mal, los insultan, y se aprovechan de su necesidad de trabajo para humillarlos, "no se vale".

Honra a Dios, cada vez que uses su nombre, toma en cuenta lo que continua después de: ¡Yo Soy! Sé prudente y respetuoso, Y verás como se transforma tu vida para bien cuando aplicas esto.

Pedir Bien

Ya lo decía el apóstol Santiago, "pedís, pero pedís mal" entonces si lo estoy haciendo mal ¿cómo puedo hacerlo bien?

Tenemos que tener cuidado al pedir, porque muchísimas veces no sabemos en verdad que es lo que queremos, y pensamos que queremos algo y luego, no es así, y nos complicamos la vida en gran manera, por vivir de prisa, es mejor antes tomarnos el tiempo y sentir si lo que vamos a pedir, es en realidad lo que deseamos.

¿Con qué fin pedimos? Es importante reconocer que tan involucrado esta nuestro corazón en lo que sale de nuestra lengua, porque podemos pedir de una manera superficial y luego obtendremos cosas que no sirvan para contribuir a nuestra vida. O pediremos cosas para las que no estamos listos. Por ejemplo: pedimos fortaleza, lo más probable es que vengan pruebas que nos hagan más fuertes. En realidad ¿queremos eso? o preferimos ser más específicos y pedir un talento o una virtud para enfrentar mejor una

situación en particular.

Pedimos sabiduría, en mi caso en particular, recibí todo tipo de problemas, dificultades, enfermedades, obstáculos. Que ahora bendigo porque me han hecho alguien muy diferente y preparado, para afrontar las dificultades que puedan surgir en mi camino. Pero si hubiese sabido todo lo que se me venía, hubiese pedido de mejor manera, porque también se puede obtener sabiduría a través de estudio, de conversar, de leer, de observar, de preguntar a las personas correctas, de conseguir personas que te asesoren, de poner atención a los frutos que dan las demás personas y que es lo que hacen para obtenerlos, y así de esa manera, seguir sus pasos o no, según lo que yo quiero y merezco.

A veces, pedimos por trabajo, y cuando salimos a buscar, y nos preguntan ¿qué trabajo queremos? Desesperados respondemos: "de lo que sea", y al principio le ponemos la mejor de las intenciones por aprender y hacer lo mejor posible para desempeñar el trabajo, pero tarde o temprano nos damos cuenta que, o no nos gusta, o no era lo que esperábamos, o requiere un alto nivel de responsabilidad, disciplina o cualidades que no tenemos, y simplemente no estamos interesados en adquirir, así que lo mejor que se nos ocurre es empezar a quejarnos del trabajo, del jefe, o de los compañeros. En lugar de aceptar que tomamos la decisión equivocada, agradecer por la oportunidad, dejar las puertas abiertas y buscar algo que esté más de acuerdo con lo que queremos hacer o aprender.

A veces pedimos por el amor de una persona en específico, y luego cuando estamos con esa persona resulta que no es lo que esperamos, talvez no porque la persona sea mala, es solo que la mayoría de veces, ponemos nuestra atención en algo superficial; como la apariencia o en lo material, cuando lo más importante en una relación es como se sienten ambos al estar juntos, la química que existe entre los dos, sentir que no importa nada más, que tener la oportunidad de compartir un momento juntos, sentir que se detiene el tiempo y que por un momento encuentras un pedacito de paraíso aquí en la tierra.

En la universidad, son muchas las personas que, desde pequeños, ya sea porque vieron en la novela, o en una película donde el actor principal era; doctor, abogado, ingeniero, se nos ocurre decir: "yo voy a ser doctor cuando sea grande", por ejemplo, y luego les decimos a todos que eso es lo que hemos decidido hacer cuando seamos adultos y pedimos con fe, para que nuestro sueño de serlo se haga realidad. Al llegar el tiempo, vamos a la universidad y estudiamos eso que siempre quisimos y que pasa; nos damos cuenta demasiado tarde, que definitivamente no era para nosotros.

Si por el contrario, nos tomáramos el tiempo, para pensar y sentir si lo que vamos a pedir que sea parte de nuestra vida, es lo que realmente queremos, las cosas serían muy distintas, muchísimas personas estuvieran haciendo lo que les gusta, lo que aman, y posiblemente estarían desarrollando el talento con el cual vinieron a este mundo.

Por eso siempre es necesario, saber que le pides a la vida, ¿qué experiencias quieres tener? y ¿por qué?

CAPÍTULO 7

Todo Tiene Una Frecuencia

Cuando te das cuenta que todo lo que existe, tiene una frecuencia distinta, es como una etiqueta, una identificación única y exclusiva para reconocer un lugar asignado; con esto entenderás que todo está en donde debe estar, comenzando desde frecuencias bien bajas como: Vergüenza, culpa, apatía, sufrimiento, temor, deseo, ira, orgullo. Luego comienzan a subir hasta llegar a la máxima frecuencia: Coraje, neutralidad, voluntad, aceptación, razonamiento, amor, alegría, paz, iluminación.

Entre más baja la frecuencia en nosotros, más cerca de la enfermedad, incluso la muerte o el suicidio, por eso es importante ayudar a personas que están teniendo este tipo de sentimientos, porque a esa altura, vibran todo tipo de pensamientos similares, por eso no se te haga extraño que alguien en una frecuencia así, tenga un giro de mala suerte. Lo que sucede es que, en esas frecuencias bajas, se encuentra la pobreza, la carencia, las enfermedades, las plagas, la mentira, la tristeza, el desamor, la desesperanza, el apego, las pasiones bajas, la depresión, los suicidios, los homicidios, todo tipo de violencia, emocional mental y física, el razonamiento es bien limitado, se puede llegar a límites extremos y deplorables en donde las personas quieren dejar de existir, porque la muerte sería un regalo.

Incluso muchas personas cuentan que cuando atravesaron por algún estado así, llegaron a escuchar voces, que se burlaban e incitaban a acabar con su vida, voces que los atormentaban todo el tiempo. No es nada fácil estar pasando por eso, es por esta razón que debemos siempre ser compasivos con todos, en realidad no sabemos que batallas están librando interiormente.

Por otra parte, todas las emociones que van desde la voluntad hasta la iluminación, siendo esta última la máxima frecuencia que hemos logrado comprender, todas estas emociones llevan consigo todo tipo de frutos que se igualan en frecuencia, como lo son: la salud, la prosperidad, la abundancia, el orden, la belleza, la comprensión, la humildad, la hermandad, la buena voluntad, el aprecio a todos y todo, el amor por la naturaleza, el amor por la belleza, el reconocimiento, la inteligencia, la sabiduría, el desapego, la igualdad, la tranquilidad, surge la inspiración para crear todo tipo de cosas para mejorar la vida. Es por eso que cuando estás enamorado es fácil, creer, crear, imaginar, soñar, pensar, todo fluye sin esfuerzo, como un manantial de agua, vivir es una bendición y la vida cobra un brillo y una belleza impresionante, todo se facilita, todo se sincroniza, todo cobra vida y ocurren todo tipo de momentos mágicos. Es en esas frecuencias cuando lo imposible se hace posible, es donde ocurren los milagros.

Como es adentro es afuera, al experimentar una emoción con intensidad, la frecuencia atraerá, cosas semejantes en el mundo que vives, a tu alrededor, las cosas se modificarán, es en ese momento cuando tienes que saber soltar y sentirte incómodo, porque la nueva frecuencia trae personas nuevas, cosas nuevas, un nuevo trabajo, experiencias nuevas, todas las cosas son hechas nuevas, ¡cielo nuevo, tierra nueva!

Y muchísimas veces sentirás que no encajas, que no perteneces al lugar, te sentirás talvez solo, o que todos de alguna forma u otra, no te entienden, o incluso sentirás que están en tu contra. Lo contrario pasará, cuando llegues al lugar en el que debes estar, ahora todo encaja, sientes que las personas hablan tu idioma, sientes que todo fluye, te sientes feliz, amado y apreciado, ahora todo lo que alguna vez soñaste está a tu alcance.

Te toca soltar, hay personas que se van a aferrar a ti, he impedir tu crecimiento, incluso tú, tendrás momentos de dudas, de temor, de ansiedad, es en esos momentos que tienes que confiar en el proceso y creer, ten fe en Dios y en ti, porque es un precio que es necesario pagar, y las personas que en realidad te aman y quieren lo mejor para ti, lo entenderán, o mejor aún, querrán seguir tu ejemplo y te acompañarán en el viaje. Buscarán la manera de también llegar a ese cielo nuevo y tierra nueva.

CAPÍTULO 8

Expresa Lo Que Sientes

Muchas veces no sabemos lo que queremos, pero sentimos y por medio del sentir nos damos cuenta, si vamos por buen camino o no.

Lo importante es entender nuestros sentimientos en todo momento y expresarlos de la manera correcta. Talvez sea un tanto difícil para ti porque desde niño, no te permitían hacerlo, ya sea porque te callaban; talvez te decían: no se meta en las conversaciones, o en mi caso, no tenía con quien platicar, porque mi madre trabajaba todo el tiempo para proveer para mí y mis hermanos y no tenía un padre que estuviese alrededor, no tenía personas correctas para aprender. Mis lecciones las recibí, de películas, caricaturas, amigos que estaban en la misma situación que yo, desconocidos, o simplemente imitando la manera en que otros expresaban su sentir. No supe si era la manera correcta o no, pero era la única manera que conocía.

Ahora sé que la manera correcta, es a través de una conversación, tenemos que aprender a platicar, sin emitir juicios, ni quejas, ni preferencias, sin hacernos las víctimas, sin influenciar en las decisiones. Simplemente atrevernos a ser vulnerables y abrir nuestro corazón, es bueno si tienes a alguien con quien expresarte, pero de igual manera puedes hablar a solas con Dios. El siempre estará para ti. Conversa y pon atención, en cuanto encuentres algo que te haga reaccionar, vas por buen camino, tu cuerpo es sabio, y te mostrará la molestia a través de lágrimas, expresiones faciales, movimientos involuntarios, pesades al respirar, o cualquier problema de la respiración. Solo pon atención. Identifica en donde se encuentra el daño que lo causó.

Si, por lo contrario, quieres saber si vas por buen camino, si estás haciendo lo correcto, cierra los ojos, pon atención a tus sentimientos, identifica que es lo que tal situación, o persona, te hace sentir ¿Sientes, paz, amor, felicidad, fortaleza, confianza, ilusión? ¿Qué es lo que sientes? sé honesto, muchas veces, no sabemos lo que en realidad queremos y nos mentimos y les mentimos a otros, diciendo que sentimos cosas que no sentimos, decimos "te amo", por obligación, porque la otra persona lo dijo primero, porque no queremos estar solos, porque nos confundimos y pensamos que es amor, por obtener algo a cambio, porque no queremos hacer daño diciendo lo que realmente sentimos. La honestidad es para nosotros, le podemos mentir a todo el mundo, pero tarde o temprano pagaremos un alto precio, por no haber sido sinceros desde un principio. No te compliques la vida tú solo, no vale la pena.

Al no ser honestos con nuestros sentimientos, alargamos las cosas de más, incluso por años. Hubiese sido mejor decir la verdad a tiempo, hay personas que solo están de paso en nuestras vidas, cumplen su propósito y listo.

Que emoción sientes al estar en un lugar determinado: apatía, aceptación, paz, amor, ¿sientes una vibración positiva, o negativa? Muchas veces soportamos aptitudes de personas, por darles una oportunidad, que no merecen, pensamos que hacemos bien, pero en realidad, no permitimos que vean la realidad, hasta que tocan fondo, la mayoría de las veces es así. Pero como nosotros queremos evitarles eso, permitimos que se aprovechen de nuestra buena voluntad. Cuando alguien quiere ayuda, ¡la pide! Si no, no la necesitan, ¡no la des!

CAPÍTULO 9

Los Verdaderos Maestros

Tomando como base que la vida es una escuela, vamos a mirar a todo y todos como oportunidades de mejorar y aprender. Las situaciones que son difíciles, que nos toca enfrentar, como enfermedades, corazones rotos, rupturas, fracasos, nos muestran en quien podemos confiar, nos dan templanza, nos muestran lo que realmente importa en la vida, nos sacuden para apreciar lo que tenemos, nos muestran el camino para ser resilientes, nos ayudan a ser humildes y ver la vida desde otra perspectiva. Nos muestran en realidad que tan unidos somos, sacan lo mejor de nosotros, y muestran también lo peor.

Nos hacen ver en donde está depositada nuestra fe, marcan un antes y un después, no volvemos a ser los mismos, después de atravesar el desierto, pero es necesario que sucedan porque son parte de la vida, lo que no es necesario es el sufrir de más.

Todos somos alumnos, todos somos maestros. Siempre hay algo nuevo que aprender y siempre encontrarás alguien que no sabe lo que tú sabes.

En tiempos antiguos, las tribus se juntaban alrededor de una fogata y contaban historias, en donde compartían conocimiento para el aprendizaje de todos, historias que pasaban de generación en generación. El maestro Jesús, conversaba con sus discípulos constantemente, pero fue en la santa cena, cuando instó a hacer lo que él hacía en conmemoración de él. para mí, no solo hablaba del pan y el vino, más bien de compartir la palabra de vida, ¡porque no solo de pan vive el hombre!

Cuando nos sentamos a cenar con nuestra familia, y platicamos de lo que ha sucedido durante el día, estamos repitiendo la misma escena, pero, no le ponemos la intención adecuada. ¡Aprender y enseñar! Porque son esos momentos los que más quedan guardados en nuestra mente y corazón. Son momentos únicos, especialmente para los más pequeñitos, tienen un significado profundo y muy hermoso, pero no los estamos aprovechando, hablamos de todo menos de lo importante, de lo que puede mejorar la vida, del porqué de las cosas. Tenemos miedo a compartir nuestros sentimientos, consejos o planes para la vida, y dejamos que la televisión, los celulares, o cualquier tipo de tecnología nos eduque; debemos aprovechar ese tiempo tan importante y significativo, para enseñar lo que realmente importa en la vida.

El tiempo, es uno de los más grandes maestros. A través de él encontraremos una dulce solución a todo tipo de dificultades. Lo único con lo que realmente contamos es con el tiempo que tenemos, es importante recordarlo constantemente y decidir como invertirlo de una manera en la que enriquezca nuestras vidas y nos llene de satisfacción, no lo desaproveches, y ten en mente que todo lo bueno de la vida toma tiempo, que las personas a tu alrededor deciden de una forma u otra otorgarte lo más preciado que tienen, "tiempo", hónralos y agradéceles por ello.

El trabajo, es algo de lo que todos nos quejamos, pero es lo que nos da todo lo que poseemos, todas las grandes obras ocuparon de un trabajo arduo y extenso y son hasta el día de hoy recuerdos de civilizaciones que edificaban sus monumentos para dar testimonio de lo que puede ser hecho. Es admirable lo que se puede hacer al trabajar en equipo por un mismo fin.

En la actualidad, queremos ganar muchísimo pero no queremos trabajar por ello. Tenemos que respetar el trabajo, sea cual sea, es un arte. Existen cientos de profesiones y tareas por realizar, ¿porque quejarnos? simplemente busquemos lo que más vibre con nosotros. No desprecies ningún trabajo, todos son importantes, y toda persona que lo realiza merece también respeto. Recuerdo que antes, la gente trabajaba de gratis, lo que querían era aprender, pedían oportunidades para hacerlo, no se centraban en cuanto ganarían, al aprender sabían que se les abrirían las puertas para pagarse una mejor vida.

Yo recuerdo, cuando estaba pequeño, entre 11 y 16 años, solíamos ir con mis amigos al salir del año escolar, en nuestras vacaciones a aprender algún trabajo, así es como fui ayudante de mecánico, ayudante de carpintero, ayudante de albañil, cargador de productos de primera necesidad en un mercado y ayudante en una fábrica de artículos de oficina, así es como aprendí mucho sobre la vida y los diferentes oficios, en los que tuve la oportunidad de ser parte, aunque fuese por un tiempo corto, pero fue así que de fui descubriendo que es lo que realmente quería hacer con mi vida y agradezco por cada trabajo, porque cada uno me dio distintas herramientas que de alguna forma u otra me han ayudado a convertirme en el hombre que soy. Recuerdo que muchas veces nos pagaban con un almuerzo y un par de billetes, el equivalente a 2 dólares por 5 días de trabajo. Pero yo sentía que era el niño de 11 años con más dinero en el país.

En la escuela, muchas veces no apreciamos el esfuerzo que hacen los maestros por enseñarnos los conocimientos necesarios para tener mejores oportunidades y crecer siendo personas de bien. Respeta a todos tus maestros, agradece, aprende de ellos y todo lo demás vendrá en el momento correcto, cuando estés listo para una bendición que requiera un grado más alto de sabiduría, habilidad, responsabilidad y profesionalismo.

CAPÍTULO 10

Pagar El Precio

Todos queremos ganar y ganar, pero a veces, nos reusamos a pagar el precio necesario para tener una mejor vida.

Es como si esperamos que una fogata nos dé más calor sin nosotros poner un tronco de leña adentro de la misma, es ilógico esperar de la vida sin nosotros dar, y continuar dando, todos queremos recibir, cada vez más, y no solo lo esperamos, lo exigimos, y nos sentimos indignados con derecho a reclamar, sentimos que es la obligación del mundo, que es la obligación de Dios, que es la obligación de alguien el darnos lo que queremos.

Pagar el precio es lo mejor que podemos hacer, porque al hacerlo disfrutamos de la recompensa de una mejor manera, nos podemos sentir orgullosos de que hicimos algo para obtener el premio, y no fue dado solamente porque se nos quiere o porque hay preferencias hacia nuestra persona, o porque tenemos derecho al estar relacionados con la persona a cargo de la empresa, esta mentalidad de creernos con derecho a algo, es muy peligrosa, nos puede costar mucho, en especial nos puede llenar de resentimiento y odio si las cosas no se dan como esperamos.

Además, tenemos que entender que es a veces el precio a pagar es tan solo leer un libro, ser puntuales y responsables en el trabajo, el precio puede ser algo tan sencillo, como difícil, según lo que estamos buscando recibir a cambio, el precio pueden ser años de esfuerzo y sacrificio, y aún con eso no nos garantizamos que obtendremos lo que queremos con completa seguridad, pueda ser que muchas veces, ese no sea el caso.

Al final lo que nos llevamos es en quien nos vamos convirtiendo, porque tenemos que considerar que ya no somos los mismos después de exponernos a una prueba, a un desafío; habremos ganado experiencia y conocimiento que nos servirá para siempre, incluso te puedo decir que cada vez que pagas un precio y adquieres algo a cambio, estás sembrando las bases para un gran proyecto de vida en el futuro, pero son esos pequeños precios que pagamos en un principio, todas esas diciplinas que tuvimos que hacer parte de nuestra rutina diaria, todas esas noches de desvelo estudiando para ese examen final, todo eso cuenta y es muy importante que te aprecies y te felicites cada vez que obtienes un logro, aunque parezca insignificante, celébralo, y así te motivarás por obtener más.

Muchas veces los precios a pagar son al decidir que no queremos ser parte de algo, que en realidad si nos llama la atención por ser parte de, pero decidimos sacrificar nuestra diversión, poque sabemos que es la única manera de tener el tiempo para prepararnos para la bendición. Decidimos decir no a fiestas, no a ver televisión, no a salir con los amigos, no a dormir más, no a la comida que nos gusta, porque sabemos que no nos conviene, no a la comodidad de nuestra cama calientita, para ir al gimnasio a entrenar, o levantarnos super temprano para ir a trabajar, muchas veces el precio es ahorrar, para poder pagarnos un nuevo talento que nos de mayores ingresos, el precio puede ser asistir a seminarios, o talleres de rediseño para saber cómo mejorar nuestra vida, a veces, el precio a pagar es simplemente tomar acción y arriesgarnos con la aventura de poner un negocio, el cual tenemos que hacer funcionar sí o sí, pero sabemos que no importa el tiempo que sea necesario para que tenga éxito, es algo que estamos dispuestos a hacer para hacer que nuestro sueño se haga realidad y vale siempre el esfuerzo, porque entre más grande el desafío, más orgulloso te sentirás de haberlo conseguido. Porque si fuese fácil cualquiera lo hiciera, pero nosotros amigo, somos de un linaje distinto y estamos dispuestos a pagar el precio que sea necesario para hacer nuestros sueños realidad.

CAPÍTULO 11

¿Qué Es Lo Que Quieres De La Vida?

En uno de los capítulos anteriores hablamos del tener razones lo suficientemente importantes para luchar por nosotros. En este capítulo hablaremos de algo que también nos va a motivar para no parar nunca y seguir conquistando cada batalla.

Esta vez nos enfocaremos en que experiencias quieres de la vida ¿qué sueñas? ¿qué es lo que quieres poseer que te haría la persona más feliz y afortunada del mundo? ¿qué es eso que deseas que valga el esfuerzo para hacer lo que sea necesario? piensa en tantas cosas como puedas que te inspiren a pagar el precio.

Tener una casa propia.
Tener un cuerpo fuerte y tonificado.
Vivir un romance de ensueño con el ser amado .
Ser feliz por decisión propia.
Mantenerme enamorado de la vida.
Viajar por el mundo y conocer hermosos lugares que me dejen sin aliento.
Ser parte de una fundación para ayudar niños y familias en necesidad.
Tener un negocio propio.

Cualquier sueño que se tenga, ocupa ser puesto por escrito, en donde se pueda leer a diario y ser llevado para cuando te sientas que falta un poquito de motivación pueda ser leído de nuevo.

También busca fotografías y comienza por hacer tu tabla de visión, en donde pondrás solamente las imágenes de lo que quieres conseguir en la vida, solamente lo que vibre contigo, si quieres ser doctor, dale, pon un recorte de un doctor, si puedes vestirte como uno, aún mejor y pídele a alguien que te tome una foto, pega fotos de la casa de tus sueños, pon imágenes de los lugares que más quisieras conocer, los que te harían llorar de alegría, pon imágenes de como quisieras que tu vida romántica sea, pon imágenes del cuerpo que te gustaría tener, pon todo lo que te motive y todos los días obsérvalo y agradece por eso de ante mano, porque algún día en el nombre de Dios se manifestará en tu vida.

Luego es importante que pienses, en quien te tienes que convertir para lograr todo eso que deseas con el corazón, y paga el precio, trabaja por tus sueños y se harán una realidad tan hermosa que inspirarás a muchas personas a querer seguir tus pasos.

Recuerda que el propósito principal es crecer y mejorar, para poder contribuir y ser parte de algo que sea más grande que nosotros, dejar un legado en donde, nuestros hechos sean motivo de estudio y ejemplo de perseverancia y valor.

En los siguientes capítulos trabajaremos muy duro, y te prometo que habrá mucha resistencia porque en todos nosotros hay algo que esta cómodo de la manera en que se encuentran las cosas y no le interesa que cambiemos en lo más mínimo, nos quiere privar de la oportunidad de ser lo que somos destinados a ser desde que llegamos a este mundo, existe un sinfín de complejos, miedos, excusas, malos hábitos, creencias, y todo tipo de trampas para mantenernos en donde nos encontramos. Pero no estamos dispuestos a seguir siendo mediocres, vamos a luchar para ser la mejor versión de nosotros. ¡De acuerdo!

¡YO SI VOY!, ¿Y TU?

Solo ten presente en momentos de duda y de temor que Dios siempre está con nosotros, pero esto es algo que es necesario hacer, tenemos que pasar por fuego para nuestro propio bien, cuando Dios nos agarra de la mano él no nos suelta, nosotros lo soltamos a él, pero el nunca a nosotros, confía en él y toma acción usando tus herramientas de motivación y tus razones para luchar y te aseguro que saldremos vencedores, ya lo verás. AMÉN

CAPÍTULO 12

La Base Es El Amor

Al terminar una oración siempre decimos AMÉN, está al alcance de todos el conocimiento, pero se oculta a plena vista. ¿Qué tal si la palabra amén, no era simplemente un cierre de oración? ¿Qué tal si la palabra AMÉN era la respuesta a nuestra petición? ¿Qué tal si la respuesta fue tan inmediata, que fue dada de antemano porque ya se sabía de nuestra necesidad antes de tiempo?

Cuando amas todo es posible, donde hay amor hay bendición y milagros, entonces cuando se dice AMÉN, ¿acaso se nos invita a que amemos? Y ¿a qué usemos como base el amor?

"Un mandamiento nuevo os doy: Que os améis unos a otros; como yo os he amado, así también os améis los unos a los otros". Cuando se ama, todo está bien, todo es suficiente, cada esfuerzo es importante, cada palabra, cada gesto, todo es valorado y apreciado, todo es bendecido.

Por mucho tiempo no lo supe, es lógico, pero hasta que se me reveló en una meditación, lo entendí todo tan bien, este es uno de los más grandes conceptos y si lo llegas a comprender y a profundidad te darás cuenta que está en todo lo que existe y existirá.

Es una mirada más allá, un punto de partida para entender nuestra historia, nuestro presente y futuro. Porque lo que perdura a pesar de todo es el AMOR. El amor todo lo puede, todo lo espera, el amor nunca deja de ser, se transforma y se transmuta continuamente. Llega cuando tiene que, y se transforma, madura y perdura. DIOS es AMOR. Y esta es una identidad del PADRE.

Cuando digo que la base es el amor, me refiero a que tienes que usar un filtro para discernir cualquier tipo de información, e ir a profundidad y buscar la raíz. Cuando hay amor ¿qué encuentras? Salud, felicidad, paz, hermandad, unión y todo tipo de emociones positivas, porque es imposible que maldigas o desees mal a alguien, cuando tienes amor en tu corazón. Simplemente no es posible.

Entonces cuando analices algo, alguien, una situación, busca los frutos de esa raíz. Si los frutos son negativos: miedo, desequilibrio, separación, frustración, ira, envidia, rencor, pobreza, etc. Entonces la base es otra.

Te has puesto a pensar como en la biblia, que es un libro de fe y esperanza y amor existe un apocalipsis, es como que alguien quiso cerrar el telón de una obra tan hermosa con miedo, juicio, culpabilidad, castigo y tormento. ¿Cuál es la base de eso? No es el amor, entonces; ¿se sembró cizaña en medio de la verdad para confundir y crear dudas? De esa manera, ¿mantenernos tibios, entre creer y no creer? ¿entre ser y no ser? ¿entre luz y oscuridad? ¡creyendo a medias!

Ahora con esto te puedes dar cuenta, de las intenciones de todos en este mundo, se te destapa un telón que cubría tus ojos de una verdad, que sí prácticas y comprendes, te dará en todo momento el control de tu vida, ya no serás manipulable por nada, ni nadie. Porque si una persona te dice que es algo y te habla de sus intenciones, pero sus frutos son otros, ya sabes que su base está lejos del amor.

¿Qué es lo contrario al amor?

Podemos entender que es odio, pero también siento en mi corazón la palabra temor, es una palabra que se nos enseña, incluso en la misma oración con Dios, cuando decimos el temor a Dios, pero yo no siento temor a él, para mí, Dios es AMOR, lo que me puede dar temor y espanto es su ¡ausencia! El que ya no pueda sentir nunca su presencia. Incluso al haber fallado tanto, lleno de pecados y de mentiras, cuando tuve la oportunidad de estar en su presencia, lo que sentí fue vergüenza, ¡nunca temor!

Porque existen muchas otras bases que podemos utilizar, para lograr cosas en la vida, pero sus frutos son amargos y no producen felicidad, ni paz, ni amor.

Por ejemplo, alguien te dañó, ahora por coraje y rencor le deseas mal, pero también usas tu experiencia como combustible para triunfar en la vida, y lo haces acosta de lo que sea para algún día demostrar que eres alguien con poder e incluso peligroso y manipulador, tanto que ahora no permitirás que nadie te haga daño y pobre de el que lo intente.

Lo único bueno en esto sería usar una emoción negativa y usarla para tener éxito, pero lo que no es bueno es seguir cargando con la emoción y castigarte con ella, al mantenerla viviendo dentro de ti, y tampoco es bueno el manipular o dañar a otros para obtener un resultado a favor, porque algún día caerá todo el peso de la verdad y la tristeza e infelicidad se harán presentes.

Hay sentimientos que aparentemente pueden llevarnos al éxito. Pero su final es amargo como la hiel.
Hacer cosas por odio.
Por rencor.
Por orgullo.
Para desquitarte.
Por codicia.
Por despecho.

Por muchas razones, cualquiera que te impulse a actuar es una de ellas, usa las emociones, pero no permitas que te usen las emociones a ti, actuar por los motivos equivocados solo puede producir frutos equivocados y no disfrutarás de tus logros, como podrías hacerlo desde una base sólida como lo es el amor, y con esto de ninguna manera quiero decir que tienes que estar de empalagoso repartiendo muestras de amor para demostrar que lo sientes, existen muchas maneras de demostrar amor.

En mi caso, al vivir con culpa, quise compensar mis males teniendo éxito en mi trabajo, castigándome, con jornadas de trabajo de más de 16 horas diarias, sin comer bien y sin disfrutar de la vida. Acumulé mucho dinero y aparente felicidad, pero por dentro, estaba muy mal. ¿Ves? la culpa te hace dar frutos, y de esa manera, puedes lograr todo lo que te propongas, pero al final si la base no es sólida como la roca, cualquier tormenta acabará con tu castillo de arena.

Deja que Dios sea tu base, y con ese amor en ti lograras lo que te propongas, pero será un camino que disfrutarás mejor, porque vivirás en paz, te sentirás bien en todo momento y en verdad darás frutos dulces como la miel, que harán que muchas personas quieran ser como tú, serás reconocido como hijo de Dios y tendrás la bendición de Papá Dios en todo lo que te propongas.

Ama lo que haces, ama a tu prójimo, ama todo en tu vida, pero sobre todo ¡amate tú!
¿Pero cómo?
¿Pero cómo puedo sembrar desde el amor, si no lo siento en mi corazón?
¿Pero cómo puedo amar después de tanto daño?
¿Pero cómo puedo demostrar amor, si recibí maltrato por tantos años?
¿Cómo puedo volver a amar, si lo entregue todo y me traicionaron como si nada?
¿Cómo puedo amar, si por mi culpa se murió mi hijo?

¿Cómo puedo amar, si abusaron de mi cuando estaba pequeño?

¿Cómo puedo amar, si me abandonaron?

Esta parte es muy difícil y te entiendo, mucho de eso yo lo viví, quiero que, en una página en blanco, escribas todo lo que te impide amar, pero ve más allá y siente que está pasando en este momento, siente la emoción, no la reprimas, que sientes:

Odio, grítalo...

TE Odio, te odio te odio.......

Te Odio ....

Te odio, porque confié en ti y me engañaste.......

Te odio porque me dejaste solo.......

Me odio porque no luché por tu amor.......

Te odio porque me usaste..........

Te odio porque abusaste de mi..........

Te odio mamá porque no me creíste.............

Te odio papá porque nunca fui suficiente para ti....

Te odio hermana, porque nunca me quisiste...

Te odio hermano porque me pegaste de pequeña....

Te odio tío porque abusaste de mi....

Te odio porque me dejaste sin nada....

Te odio Dios porque, siempre creí en ti y ¿dónde estabas cuándo me estaban violando? ¿Dónde?

Yo sé que recordar es duro, es difícil y no es para cobardes, igual si no es tu momento de sacar lo que sientes, espera, no hay prisa, es a tu tiempo, solo tú sabes lo que llevas dentro, solo quiero decirte que no estás solo. Y no eres a la única persona que le ha pasado, hay personas que vamos por la vida con una máscara de que todo está bien, cuando estamos desechos por dentro, llenos de odio y rencor, de miedos, dudas, inseguridades y se nos exige por igual como a una persona que lo ha tenido todo y no ha sufrido nada. Se que es injusto, y no te vengo a convencer de lo contario.

Te comprendo perfectamente, no es sencillo, pero es el camino a seguir. Toma tu tiempo, y revive todo de nuevo, persona por persona, situación por situación y saca ese odio que tienes dentro. El odio es como un te amo, ocupas expresarlo, no tiene que estar la persona presente, ni nadie más. Solo tú a solas o con alguien que te acompañe. Como tu decidas, lo puedes, gritar, lo puedes escribir todo y luego quemarlo, lo puedes hablar en una plática, lo puedes revivir en tu mente y expresar tu sentir con lágrimas, con enojo, como tú quieras expresarlo en el momento que tú quieras, cuando tú quieras, sin que nadie se entere.

La energía que está atrapada desaparecerá de igual manera, los problemas en tu estómago desaparecerán por que el químico del odio será liberado y ya no podrá intoxicar más tu cuerpo. Verás los resultados rápido y estarás listo para seguir en tu proceso.

Este Camino Sin Lugar A Dudas Es Para VALIENTES.

¡TE AMO Y GRACIAS, POR CREER EN TI!

CAPÍTULO 13

El Camino Es El Perdón

Después de expresar nuestro sentir, lo mejor es permitirnos aceptar el perdón como una piedra en donde podremos edificar un nuevo comienzo. La gran mayoría del tiempo, nos negamos a trabajar el perdón y decidimos cargar con esto por muchos años, incluso una vida entera, pensando que la gente que te hizo daño, no merece tu perdón, y talvez no lo merezcan, sobre todo cuando ni siquiera se han arrepentido, pero el bien es para ti, la sanación es para ti y lo que sueltas te beneficia a ti.

¿Pero, no lo siento? Solo repite, te perdono, te perdono; aún sin sentirlo hasta 70 veces 7, a diario, constantemente, cuando llegué a tu pensamiento di "TE PERDONO".

Y si tú eres el causante de mucho daño, pide perdón de corazón y repite a ti mismo: "ME PERDONO", aunque no lo sientas, de igual manera 70 veces 7.

Te garantizo que, si lo haces, poco a poco quitarás la insensibilidad de tu corazón y el perdón será más honesto y sanador, y con el tiempo tu corazón no guardará ningún tipo de rencor y el perdón será instantáneo, pero estamos tan acostumbrados a ser jueces, a juzgar y juzgarnos severamente que una falla tendremos a recordarla de por vida. No tiene que ser así, "DIOS YA TE PERDONO, AHORA PERDÓNATE TÚ". Lo hermoso de todo esto que puedes transmutar cualquier sentimiento por medio del perdón.

Y si de verdad te sientes arrepentido. Toma acción y comienza a dar frutos de perdón. Sé distinto, ayuda a otros, busca la manera de devolver en agradecimiento por el perdón obtenido. Si te perdonaron perdona, y si buscas el perdón perdona tu primero toda falta, dando es como recibimos.

Pedir perdón, no te hace menos, ni más. Simplemente te pone en una mejor frecuencia para seguir avanzando en la vida. Porque por falta de perdón, puedes quedar atascado en un fragmento del pasado. Y no es justo, porque tú no viniste a este mundo a vivir pagando por un error, ni a vivir culpando por un fallo.

SIMPLEMENTE PERDONA

La manera en que se me hace más fácil dar este paso, es recordando que: "no sabemos lo que hacemos", la mayoría del tiempo, muchas veces ofendemos sin saberlo, sin darnos cuenta y cuando lo hacemos siendo consientes, nuestra culpa no nos deja continuar, nos pone incómodos cada vez que tocamos ese punto.

Repite, "te perdono: ________________ por qué no sabías lo que hacías, si de verdad supieras del daño que estabas haciendo en mí, no lo hubieses hecho.

Esto para mí, me da consuelo, brinda el beneficio de la duda para la otra persona y, sobre todo, te pone en un estado de compasión, y ultimadamente te "LIBERA", y ese es el propósito: liberación, ¿porque quieres seguir cargando con algo que te impide ser feliz?

Perdóname, porque no sabía lo que hacía, si hubiese sabido el daño que te hacía, nunca te hubiera hecho mal, porque no hay día que no tenga remordimiento y culpa, Perdóname, libérame a mí también, ¡por favor!

Esto es lo que yo repetí, con lágrimas pidiendo perdón, a solas en mi cuarto. Y me sentí perdonado por Dios y la otra persona y después me repetía constantemente: "me perdono", hasta sentirme perdonado yo".

Y después me centré en dar frutos de perdón, frutos de misericordia, frutos de agradecimiento, frutos de gozo y frutos de amor por el perdón recibido.

Es tu turno de tomar acción, no lo pienses, actúa. Te aseguro que encontrarás la paz que tantos buscas.

¡Es tiempo de liberarnos!

No Juzgues

Una de las costumbres que más me ayudo a liberarme de una carga emocional, exageradamente grande, fue el ya no juzgar. Para mí era un tanto difícil el no hacerlo, pero es que miraba en las otras personas defectos, momentos de debilidad, "pecados", fallas, cobardía, injusticia, etc. Y es que, desde pequeño, estuve, bajo la influencia de personas adoctrinadas en una religión, en donde aprendí de mala manera, a creer que tenía que ser perfecto, en todo momento, y a criticar al que había fallado.

Y no quiero decir que la religión sea mala o las personas que participan de ella, todo tiene una razón de existir, y en mi caso fue de esa manera, regularmente de niños imitamos todo, sin siquiera recibir una explicación lógica, del porque tiene que ser así, de esa manera. Solo obedecemos y, ¡Ay de mí! en ese tiempo, si me ponía a desobedecer…¡La que me esperaba!

Entonces, nos vamos creando una imagen, de que debemos ser perfectos y cuando fallamos, nos sentimos muy mal. Recuerdo, una vez tenía mucha hambre, era un niño tal vez de 6 añitos y recuerdo arriba del refrigerador habían escondido unas bananas, para el desayuno de uno de mis tíos, y pues ya era de noche y puse una silla para alcanzar una banana, la agarré y me la comí. Me sentí tan mal, porque había robado; que pasé muchas noches después pidiéndole perdón a Dios, porque no me quería ir al infierno.

Y creo esta historia solo es un reflejo de lo que a veces los adultos hacemos con nuestros hijos, les gritamos, les mentimos y los corregimos severamente para que sean hombres y mujeres de bien según nuestro pensamiento irracional, les hacemos creer que, tienen que ser perfectos y causamos en ellos un daño tan grande sin siquiera darnos cuenta, que desde ese momento les hemos enseñado a juzgar a otros, a criticar y a señalar todos los defectos y errores en los demás, y así es como nuestra actitud se va formando de juez y de culpable.

Ahora entiendo perfectamente, que lo que vemos en otros es lo que debemos trabajar en nosotros mismos, es por eso que nos enfada tanto lo que otros hacen. Nos causa un sin fin de pensamientos y juicios en donde somos jueces. Prisioneros de costumbres y tradiciones que nos impiden tener la energía necesaria para poder salir adelante.

Solo deja de hacerlo y si te sorprendes haciéndolo, vuelve a empezar, no te juzgues tú tampoco, porque a la persona que más le debes, esa libertad es a ti mismo. Sal de la prisión en donde te encuentras, ¿acaso no te das cuenta de cuanta energía desperdicias, en juzgar?... "demasiada".

No vale la pena, además regularmente cuando juzgamos, no conocemos todos los detalles del asunto, como para tomar una decisión correcta al momento de impartir un juicio.

Aparte en la misma biblia se nos dice: "no juzguemos para que no nos juzguen". Tantas razones para no hacerlo, pero en un descuido, vamos de nuevo con este mal hábito. Es como que todos estamos programados para ver un defecto entre 99 cualidades.

Cuando no juzgas, sueltas esa energía que consume mucho de tu vida y de tu tiempo, y lo mejor de todo, te pones en un estado de paz, en donde lo que hacen los demás, ya no es de tu interés. Soltemos lo que este de más y el camino será más agradable.

Por cada vez que tu mente te lleve a juzgar, date a la tarea de encontrar dos cosas positivas sobre la persona, cuando te quieras juzgar a ti mismo, date un tiempo enfrente del espejo y mirándote a los ojos repite tus logros y cualidades. Poco a poco tu autoestima crecerá más y más, y te sentirás mejor y bendecido por el ser maravilloso que eres.

No Te Compares

Una de las principales razones por las que nos cegamos y no podemos apreciar lo que tenemos es cuando, nos comparamos con los demás, de manera negativa.
Que la otra persona está más alta, más delgada.
Más bonita que yo.
Que tiene el cabello que yo quisiera tener.
El color de piel esta hermoso, no como el mío.
Que tiene carro y yo no.
Que tiene pareja y yo sigo solo, ¿por qué? si está más fea que yo, y usamos frases como: "la suerte de las feas las bonitas la desean".

Cuando te detienes y pones atención a esta manera de actuar, realmente da tristeza y solo puedes tener compasión porque en ese estado, nos enfocamos tanto en los demás, que nos olvidamos completamente de nosotros y de disfrutar nuestro presente.

Sabes, todo lo que ves en otros está en ti también. Es bueno apreciar la belleza y lo bueno en otros, es hermoso y es sano. El único problema en ello, es cuando lo usamos para atacarnos a nosotros mismos, que yo no tengo esto, o aquello, entonces nos ponemos en un estado de queja y de comparación constante; y menospreciamos nuestra persona. Apreciemos lo que tenemos y poco a poco encontraremos más y más razones por las que dar gracias.

Todos tenemos algo especial y único, pero aún no lo hemos descubierto, y eso hace que nos fijemos en otras personas y los admiremos.

Pero la realidad es que, tú eres especial y maravilloso, más para los ojos de Dios, encuentra tu valor, encuentra tu talento, no trates de tener la misma vida y las mismas experiencias de alguien más, solo por qué piensas que eso te hará sentir mejor. Descubre que es lo que te hace feliz, fíjate solo en tu felicidad.

Recuerdo que cuando hice mi tabla de visión en donde buscaba imágenes de cosas que yo quería obtener en mi vida, puse la imagen de un Lamborghini, solo porque a la persona que estaba siendo mi guía en ese momento, le encantaba una vida de lujos y cosas exóticas, y no quería que ella pensara que yo me conformaba con poco.

Renuncié a lo que me gustaba en realidad por querer ser como alguien más. Comparé mi vida por mucho tiempo, con todas las personas que estaban alrededor mío, y era feo, porque me sentía mal, cuando a esta u a otra persona les iba mejor que a mí, pero me alegraba un poco, si yo estaba mejor que esta u otra persona. Ahora solo me queda pensar en todo el tiempo que desperdicié con una actitud así.

Muchas veces, incluso ya con negocio propio, me sentía muy mal porque hablaba de repente con alguien que me decía "yo ya tengo 2 restaurantes", entonces en mi mente, en lugar de dar gracias a Dios por tener la posibilidad de tener un negocio propio, venía la comparación y me decía, "Marlon, te estás quedando, mira él tiene dos restaurantes y tu solamente uno"... y así en todo: que él tiene zapatos de marca y tú no, que la ropa es de marca y la tuya no, que el carro, el de él es mejor que el tuyo, que la casa es más bonita, y tú ni a casa llegas. En fin, esto es algo que tienes que dejar, no solo por los tintes de envidia que salen a la luz, pero también porque se te olvida, que todos tenemos la oportunidad de ser más y tener más. Pero no a través de la comparación usada en manera negativa. "Ese no es el camino".

Es diferente cuando, usamos una comparación sana, en donde nos alegramos por los éxitos de los demás y usamos eso como un impulso, pensando: "si esta persona puede tener esto o aquello ¿ porque no podría tenerlo yo?"

Entonces se convierte en un tipo de competencia en donde tenemos personas a las que admiramos y ponemos más atención en:

¿Cómo lo consiguieron?

¿Qué hábitos tienen?

¿Qué leen?

¿Qué hacen?

¿Qué no hacen?

¿Qué mentalidad tienen?

¿Cómo llegaron a donde se encuentran en este momento?

¿En quién me tengo que convertir para obtener eso que quiero?

¿Qué tipo de persona tengo que ser, para atraer a la persona correcta a mi vida?

¿Cómo llego a donde quiero llegar?

¿Será que esta persona que ya consiguió lo que yo quiero, me podría dar un consejo?

¿Podrá darme una pista?

Regularmente, una persona que ya está teniendo éxito en la vida, lo que más quiere es ayudar a otros para que lleguen a un siguiente nivel, para no sentirse que está sola, y además sentir que uno puede hacer la diferencia de manera positiva en la vida de alguien más, es algo que no tiene precio. Es una bendición el poder ayudar.

"No te compares, tú eres un ser único, con talentos únicos, por algo Dios te hizo como eres, en ti está escondido un tesoro invaluable, encuéntralo y compártelo con el mundo".

CAPÍTULO 14

Suelta y Confía

Cuantas veces pedimos ayuda, y como vemos que tarda un poco, o se hace de una forma diferente a lo que nosotros tenemos en mente, decidimos mejor hacerlo nosotros, este es un mal hábito que nos impide poder confiar en las demás personas. Nos pone cargas que son innecesarias, impide que la ayuda llegue y hace que los demás desistan en querer ayudarnos. Ya sea porque ven que no les damos la oportunidad y la confianza plena de tomar el control de la situación, o también porque no les damos la oportunidad de aprender, y la única forma de aprender es a través de intentar y corregir y volver a intentar hasta lograrlo; toma tiempo, tenemos que soltar y confiar.

Cuantas veces, le pedimos ayuda a Dios, y luego cuando las cosas comienzan a moverse de una forma que no conocemos, nos genera dudas, miedos y nos queremos meter, cuando lo que Dios está haciendo, es obrar por nosotros. Dios siempre va a querer lo mejor para nosotros, pero tenemos que confiar en él y soltar el resultado, Dios puede ver el futuro, el presente y el pasado, mientras que nosotros no podemos ni siquiera ver las bendiciones que tenemos enfrente de nuestra nariz.

Cuando viene de Dios, se siente, comienzan las cosas a fluir de una manera diferente, solo tómate un momento y mira en realidad si lo que está sucediendo tiene su base en el amor, o es otra emoción la que esta como base, porque de esta piedra es que se edifica una fortaleza, o un castillo de arena.

Sé que confiar es difícil, principalmente cuando has sufrido muchas traiciones, pero hoy te digo, no cambies tu esencia, ni quién eres por dentro, mantente auténtico.

Había una vez un hombre de negocios que le dio una oportunidad a un pequeño comerciante de hablarle de su proyecto, con la mirada puesta en una sociedad. Pero antes de hablar de negocios le dijo: hermano, te quiero hacer una pregunta, ¿Qué defecto, crees que necesitas quitar de ti? Para mí es importante saberlo, para saber a qué me enfrento al hacer una sociedad contigo. El comerciante, tomó un respiro, sabía que la respuesta podría afectar en algo su relación de negocios, después de unos 15 segundos, respondió: Amigo, mi más grande defecto es que soy muy confiado, y he perdido muchísimas veces, por gente que se aprovecha de mí. ¡Quisiera deshacerme de ese defecto para siempre!

Sabes amigo, precisamente, eso a lo que tú llamas defecto, es lo que me llamó la atención para hacer negocios contigo, es muy difícil encontrar a una persona que tenga buena voluntad y que espera siempre lo mejor de los demás, que confíe en los otros de la manera que tú lo haces. Tú esperas lo mejor de los demás y eso amigo es lo que me da tranquilidad y me inspira confianza, porque sé que eso es lo que llevas dentro, estás lleno de amor, compasión, seguridad y buenos principios, que con solo estar a tu lado hace que me sienta bien.

Al escuchar esta historia, sentí que vibro conmigo, por estar de confiado he perdido muchas veces, pero ahora entiendo, que fue una bendición, porque las personas que te hacen daño, que te usan, que te piden prestado y no te pagan ¡se alejan solas! y poco a poco vas quedando solo al lado de personas reales y honestas, como tú. ¡La cizaña se separa sola de la paja! Y termina por ser quemada. Tú volverás a tener lo que perdiste porque sabes cómo volverlo a obtener, mientras la persona que te quitó, siempre tendrá carencia, escasez y se va cerrando sola todas las puertas, tiene que comenzar de nuevo constantemente, y al pasar de los años seguirá estando en el mismo lugar o un lugar más abajo.

Tengo una amiga a la que quiero mucho, y le hice estas 2 preguntas:
La primera fue:
¿Qué es lo que te gustaría soltar?
Al saber la respuesta, le pregunté lo siguiente:
¿Por qué sientes que eso que quieres soltar es una debilidad?

Su respuesta para la primera pregunta fue: "Soy muy sensible, lloro mucho, ya no quiero ser así".
La respuesta en la segunda pregunta fue: "Es que siempre, todas las personas, al ver que soy muy sensible se quieren aprovechar de mí, me hablan fuerte,

incluso me gritan, y lo único que hago es ponerme a llorar, porque no sé cómo reaccionar de otra manera".

Al saber esto, noté, que algo le pasó desde pequeña; y ella misma, me lo confirmó posteriormente. Sé que no es fácil y muchos hemos pasado por cosas tan desagradables, conservamos memorias que nos atormentan constantemente, y hemos atravesado por situaciones que nos marcaron, nos sentimos inútiles por momentos y que no tenemos control sobre nuestra manera de ser y reaccionar, y nos enfocamos en aferrarnos a que somos así y ya. Todos podemos soltar, pero hay que saber soltar, porque yo al ver a mi amiga, se me hace una persona, tan tierna, tan amable, con un corazón tan hermoso, en ella siempre hay palabras positivas y de bondad.

Sé que una que otra persona, que ha sido dañada por algún tipo de abuso que los hace ser insensibles, va enfocar su mirada en mi amiga, porque tiene algo que es un reflejo opuesto a lo que ellos no son, para las demás personas mi amiga puede parecer como una persona débil, y no soportan que sea así, y la tratan de una manera, brusca y pesada, pensando que le están haciendo un favor, ya sea consciente o inconscientemente; y que eso le va a ayudar, para que ella se haga fuerte, son personas que llevan en su mente "que este mundo es un lugar duro, en donde solo las personas fuertes sobreviven", y como está en su mente, así es su realidad.

En cambio, mi amiga piensa que tiene que cambiar porque piensa; consciente o inconsciente mente que "ser una persona sensible, la hace débil y objeto de abuso", y así como lo cree lo crea.

Para mí se tiene que soltar la manera en que nos enfocamos hacia algo, porque si bien ocupamos trabajar ciertos puntos que nos hacen "vulnerables, o insensibles", podemos encontrar un equilibrio entre ambos y al tiempo que lo hacemos usar nuestra manera de ser a favor y no en contra, por ejemplo, si soy una persona como mi amiga: sensible, amorosa y compasiva; me puedo desempeñar en un trabajo donde se requiera de personas con esas cualidades, por ejemplo: maestra, enfermera, trabadora social, o puedo enfocar mi sensibilidad, hacia la escritura y el arte, talvez me cueste expresar mis sentimientos al sentirme atacada, pero puedo expresarlos al cantar, componer una canción o dibujar.

Con estos ejemplos te quiero decir que sueltes tu punto de vista, tal vez no estás viendo con claridad, necesitas una perspectiva diferente para poder encontrar una solución que te haga sentir mejor, y útil, de la manera en que tú eres. porque no tienes que confundir tu esencia con la manera en que reaccionas a la vida, pide a Dios sabiduría para discernir si tienes dudas entre lo que debes soltar y lo que tienes que mirar con otros ojos. Muchísimas veces lo que tienes que soltar es el lugar, en donde te encuentras, tal vez no te sientes valorado, te sientes atacado por tu manera de ser, por tu esencia; si es así, es necesario un cambio, estando en el lugar incorrecto no vas nunca a ser lo que estas destinado a ser, es como si sembramos rosas en el desierto, o palmeras en la nieve, es muy complicado el adaptarse y más aún, dar lo mejor de ti, sobresalir y brillar sería una tarea demasiado agotadora. Hazte un favor a ti mismo, y busca el entorno que más te favorezca, no te engañes a la idea de que, tienes que estar en un lugar porque es lo que te toca y ya, suelta esa idea también.

Cuando ya tienes mucho tiempo haciendo lo mismo, y ya estás aburrido, cada día es un pesar, y no lo sueltas porque te has convencido de que tú eres eso y no puedes hacer algo más, cuando el ser humano tiene en si la posibilidad de convertirse en quien decida ser, y aprender lo que sea, lo único que tienes que hacer es pagar el precio.

Si sabes que no eres feliz, porque no soltar la máscara de felicidad, porque pretender algo que no somos, si no lo somos, busquemos serlo, creo esto es lo más valiente que puedes hacer, porque requiere de salir del molde impuesto por la sociedad, el ser feliz no es una respuesta que interese a todos, a muchos les llama más la atención tener y poseer todo lo material que pueda existir, aunque por dentro se tenga un vacío existencial muy difícil de llenar, es por una respuesta así, que habrá conflicto con todas las personas a tu alrededor, muy pocos te entenderán y muchos menos te apoyarán, porque no soportarán que tuviste el valor de ir por lo que amas y buscar tu felicidad, pero de nuevo te lo digo, no es culpa de nadie, no hay culpables, es la programación la que nos hace aceptar o rechazar un protocolo de vida, y como esto de buscar ser feliz está fuera del patrón establecido, recibe rechazo, pero con el pasar del tiempo y el despertar de consciencia; la nueva tendencia será, el buscar ser feliz y vivir en paz en un mundo más consiente y sensible por el bienestar de todos como parte del mismo mundo.

Tienes que poner tu confianza en Dios, y confiar en el proceso, suelta poco a poco, todo eso que no aporta a tu vida, malos hábitos, malos pensamientos, malos deseos, personas que se están aprovechando de ti, personas que en este momento no tienen que estar en tu vida, el cambio puede ser lento, pero, en el fondo de tu corazón, te aseguro que sabes que estás tomando la dirección correcta.

Cuando también necesitas soltar es cuando estas angustiado, cuando te sientes ansioso por el futuro, cuando las cosas no se ven claras. Los momentos de duda existen en todas las personas, a veces no lo demostramos, pero la mayoría de las personas en un momento u otro, no sabemos lo que estamos haciendo, pero es en estos momentos cuando es preciso el confiar en Dios, sabiendo que de alguna manera u otra todo saldrá bien, pero aquí el secreto es: TOMAR ACCIÓN, en lo que nos corresponde hacer a nosotros, y dejémosle a Dios lo que le corresponde hacer a Él. No nos afanemos, por lo que ha de venir y saquémosle el máximo provecho al ahora, en sí, es el único tiempo que existe, incluso cuando recuerdas algo del pasado; lo revives en el ahora, algo del futuro, también lo ves en el ahora. Solo existe este momento "ahora".

El apego es algo que, en esta etapa de tu vida, al querer soltar se hará presente constantemente, sé que cuesta, que duele, y que es muy pero muy difícil soltar, pero es la única manera de ver en realidad que no es sano. Porque no tendríamos que tener ningún apego a nada, ni nadie. Porque es un engaño de nuestro ego, que nos hace creer que necesitamos algo o a alguien. Y no es así, tenemos que ser libres para en realidad, poder descubrir nuestro potencial, y de lo que somos capaces, tenemos que tener libertad para experimentar vida en abundancia, y confiar en que Dios nos ayudará en cada paso del camino.

Confía en ti, es increíble lo que los seres humanos somos capaces de realizar, tenemos un potencial enorme y prácticamente no hay límites para lo que podemos llegar a crear, lo único que tenemos que recordar siempre es que la base debe de ser el amor, con amor y por amor, lo que sea que decidamos hacer va a valer el esfuerzo y será algo que al pasar de los años nos llenará de orgullo y satisfacción y no solo a nosotros, también a Dios.

La palabra "soltar" no significa, esperar a que todo se resuelva solo y que Dios haga milagros por ti, en ti tienes todas la herramientas que necesitas para hacer tu parte, lo que tienes que hacer es sentir en tu corazón que sentimiento te causa al pensar en algo, si es; frustración, enojo, tristeza, o cualquier emoción negativa; eso es lo que debes soltar, incluso un sueño o una meta que te motive a hacer algo, al estar demasiado enfocado en ella, y viendo que está tomando tiempo hará que te comiences a frustrar y de algo bueno surgirá ansiedad, es mejor soltar también, tener la meta o el sueño bien presentes, para llenarnos de energía positiva para soltar, para no permitir la transición de energía, a una frecuencia más baja, que nos genere preocupación por ver que el tiempo va pasando y no estamos logrando lo que nos hemos propuesto.

Si algo no ha llegado a tu vida, quiere decir que aún no es el momento, ya sea por cuestiones ajenas a ti, o por que tú no has hecho que suceda, lo mejor es soltar, esperar el momento adecuado, para después tomar acción con intención y determinación.

Suelta y confía en Dios, que por fe, nos abriremos camino por donde no lo había, por amor a los nuestros, por amor a nosotros.

CAPÍTULO 15

Busca Lo Bueno En Todo

Es tendencia, desde que recuerdo el siempre enfocarnos en lo malo, y lo hacemos de forma constante, gracias a Dios la energía negativa no es parte de nuestra naturaleza y por eso lo malo tarda muchísimo más tiempo en materializarse, pero sucede y luego ¡cuando llega nos agarra de sorpresa! claro, ¿como no? si lo hemos estado llamando.

Esperamos malas noticias, las madres se preocupan de más, cuando sus hijos llegan un poco más tarde, y las encuentras todas preocupadas, esperando lo peor. Llega un nuevo jefe, con ideas nuevas para la empresa, pensamos de seguro ya van a comenzar a despedir personal. El esposo tarda un poco más en el trabajo, de seguro ya me está engañando.

Tenemos la tendencia de siempre poner nuestro foco de atención en el defecto de las personas y nos enfrascamos en mini conflictos en el trabajo, la escuela, la casa, el vecindario, en el bus, al manejar el carro, en todos lados. Esto hace que, a lo largo de la vida, nos mantengamos enfrascados en peleas absurdas que nos quitan la paz y nos distraen de lo que en verdad importa: ¡NUESTRA FELICIDAD! Lo peor de todo, es que muchas veces nos encontramos disfrutando el siempre estar peleando con alguien por cualquier razón: "el significado de esto es que llevamos cargando algo internamente, y al pelear con alguien por cualquier razón, liberamos un poquito esa presión y eso hace que nos sintamos un poquito mejor".

Hay muchas maneras de verlo, y te puedo garantizar que todos padecemos de este mal hábito, ya sea en menor o mayor medida. Entonces ¿Qué sucede? nos priva de muchas oportunidades de crecimiento, nos roba oportunidades, nos inyecta pesimismo y nos aleja de la paz de nuestro ser.

Buscar lo bueno en todo, es la solución. Es tan lógico y fácil cuando todo marcha bien, pero cuando las cosas no están resultando como esperamos, es complicado mantener un pensamiento hacia lo positivo.

Vale el esfuerzo ¡sí por supuesto! Como todo, un paso a la vez, recuerda que estás luchando con una programación de cientos de años. Es lo común y normal, aunque no es lo que nos conviene, porque en nosotros encontramos un poder creador tan poderoso, que cada uno de nosotros tenemos la capacidad de transformar un cielo en un infierno, y un infierno en un cielo.

Usa el beneficio de la duda, cuando lleguen rumores de cosas malas, mantente neutro y poco a poco controla tu mente e inclina tu pensamiento a un tono de positivismo. Esto te mantendrá en control de la situación y mejorará tu reacción hacia la adversidad.

Es muy importante, tu paz mental para que puedas vibrar alto y realizar todos tus sueños, y eso es lo más importante. No te preocupes, ósea no te ocupes antes de tiempo, sobre todo, si no puedes hacer nada al respecto.

Antes tenía la costumbre de ver el noticiero en la noche al cenar. Era un rito que repetíamos con fidelidad día tras día, sin saber que nos estábamos programando inconscientemente a esperar noticias malas. Y aunque es cierto que una que otra noticia tenía un tinte positivo, la gran mayoría siempre contenían aires de desesperanza, tristeza, crueldad, violencia, extorción, etc. Es peor aun cuando nos programan a esto tipo de realidades a una edad muy tierna, porque no tenemos defensas, no cuestionamos, somo fáciles de educar para lo bueno o malo según la conveniencia del protocolo que se imparte.

Pero ahora es tu decisión el sembrar en tu mente una semilla distinta, tu controlas lo que entra en ti y en tu familia. ¿Qué tipo de vida quieres tener? No crees que vale la pena, soltar lo malo y enfocarte únicamente en lo que pueda traer: luz, amor, bondad, esperanza, felicidad y el logro de tus metas y sueños.

Esfuérzate y sé valiente, que, según tu enfoque hacia lo bueno, verás como ocurren milagros en tu vida y en la vida de los demás. Ve lo bueno en ti, no te enfoques en tus defectos, todos los tenemos, pero el secreto es aceptarlos y sacar el mejor provecho a lo que somos y tenemos.Esto te hará una persona segura y con una autoestima sana.

Busca lo bueno en los demás, no solo los haces sentir mejor, pero también creas lazos, amistades y vínculos que harán tu vida más agradable.

Defectos todos tenemos, recuerdo de niño, teníamos apodos para todos, era divertido fijarnos en algún detalle en algún amigo y molestarlo con ello, pero era parejo, entonces no lo mirábamos como malo. ¡Nos hacía fuertes! En ese momento era lo que creía, pero inocentemente minábamos nuestra autoestima. Ahora conscientemente me rio de mis apodos y comparto con mis hijos, las historias de que tan originales u ordinarios podrían llegar a ser. Cosas de niños, que crearon lazos de hermandad y memorias que recordaré toda mi vida con nostalgia.

Al enfocarte en lo bueno, suceden milagros, ves caminos donde no los hay, ves esperanza en donde no había ni un poco, atraes lluvia en el desierto. Te conviertes en una persona tan agradable y es un placer estar en tu presencia porque irradias luz, y eso es lo que este mundo necesita, personas que estén dispuestas a contemplar una visión diferente de hermandad, bondad y amor.

Haz tu parte día a día, solo necesitas estar consciente de tus pensamientos, sentimientos y emociones, es fácil, porque si te hacen sentir bien, estás por buen camino, si te hacen sentir mal, entonces corrige la señal que estás lanzando para que no regrese a ti nada que no quieres.

Al principio tendrás que estar bien consciente, pero luego tu cerebro comienza a asimilar que es tu nueva manera de pensar, sentir y actuar y lo comienza a hacer en autopiloto. Y cuando llegas a ese momento todo fluye con facilidad, sin esfuerzo. Recuerda, ¡no estás solo!

Somos muchísimos los que queremos un futuro mejor para nosotros y para nuestros hijos. Paso a paso, ganando batalla tras batalla, el mal no podrá contra el bien.

¡Gracias por creer!

CAPÍTULO 16

La Verdad Sobre El Dinero

La verdad es que el dinero es una herramienta, y tienes que empezar a verlo como tal, muchísimas personas van por la vida persiguiendo más y más dinero, después que de que se logra tener una cantidad que se había propuesto, ¿qué crees que pasa? Le seguimos aumentando, le ponemos una meta mayor y volvemos a estar atrapados en esa trampa.

El dinero te ayuda y ayuda a otros, pero tienes que tener un balance siempre, si tienes poco, no puedes disfrutar de nada en la vida, y continuamente estarás estresado por la falta de este, y buscarás culpables por tu "mala suerte". Si tienes muchísimo sin tener la habilidad de utilizarlo de una manera saludable y responsable, tu vida se complicará, no vivirás tranquilo, ambicionarás más y más, pero no lo aprovecharás. Porque el dinero amplifica el tipo de persona que tú ya eres; si eres generoso serás más generoso, si eres soberbio, lo serás en mayor medida, si te gusta humillar a otros, con más dinero creerás que tienes el derecho de hacerlo aún más. Lo importante es que lo estés utilizando como herramienta, intercambiándolo por experiencias que enriquezcan tu vida, porque al final de tu vida en la tierra, lo material se queda. Entonces no tiene caso tener de más, si no lo vas a disfrutar.

Vivir en abundancia, no solo se refiere al dinero, también el amor, la salud, las relaciones personales, los momentos en familia, las experiencias, todo esto cuenta como parte de tu fortuna. Y es lo que tendrás para disfrutar después.

Lo que te puedo decir es que, como primer paso, aprecia lo que tienes, aunque sea poco, luego acostúmbrate a ahorrar, lo siguiente es que tienes que gastar menos y tratar de ganar más, no tengas miedo de invertir en ti, entre más muevas el dinero de forma inteligente invirtiéndolo en habilidades, que te ayuden a estar mejor, y poder ganar más. Sé inteligente, aprende a administrarlo correctamente, no acumules cosas, solo porque están en oferta, muchísimas veces terminas tirando cosas porque nunca las utilizaste y se vencieron. No te afanes ni caigas en la trampa de ganar dinero de forma rápida y fácil, eso no tiene una base sólida, y no solo se trata de ganar dinero en lo que sea, es mejor si primero encuentras que te apasiona, y luego trabajas en ello, y cuando tengas la experiencia necesaria, tendrás la habilidad para hacer más con tu talento.

Desapégate del dinero, para muchos es difícil el soltar, pero dando es como recibimos, lo que das es lo que recibes, confía en el tiempo, no te deslumbres por falsos profetas que te hablan de que los acompañes prometiendo una vida de riquezas y falsa felicidad, al final se siente su vacío, porque yo he sido testigo de muchísimas personas, que logran tener cantidades increíbles de dinero, pero el precio por ello ha sido demasiado alto y al final no valió la pena.

Hay personas que tienen dinero y deciden ayudar, y entre más lo hacen, las puertas de las oportunidades se les abren de par en par, y se sienten tan bien y bendecidos por su vida que, ¡cada día es un regalo de DIOS!

Al que se queja por dinero, siempre tendrá más razones para seguirse quejando, al que lo bendice y lo aprecia, el dinero se le multiplicará y tendrá en abundancia. Tienes que controlar el dinero siempre, no dejes que te controle a ti, úsalo con sabiduría y siempre tendrás en abundancia.

Ponte como meta tener en abundancia, pero no por la cantidad de dinero, más bien por el tipo de persona en la que tienes que convertirte para lograrlo, que nuevos hábitos tienes que adquirir y que hábitos tienes que dejar.

El dinero es una bendición, úsalo de forma correcta y no solo lograrás todos tus sueños y metas, también tendrás la posibilidad de ayudar a muchísimas personas en el mundo.

Podrás ser parte de fundaciones para ayudar a los más necesitados alrededor del mundo, podrás donar tu tiempo, o tu conocimiento, es gracias a el buen uso del dinero que podrás alcanzar una vida extraordinaria, y conocerás personas maravillosas, el dinero será una herramienta que te llevará a conocer lugares que no creerás que existen.

El dinero puede y debe ayudarte, como una herramienta de intercambio, por aquello que necesites en cada etapa de tu vida, el dinero es un facilitador.

Valora y agradece por cada centavo que posees, el dinero tiene una frecuencia particular y si aprendes a apreciar su presencia, tendrás más, si por el contrario te pasas en continua queja, de que todo está caro y de que no te alcanza para más, el tener dinero contigo, será algo negativo, entonces inconscientemente lo alejas y lo rechazas, y creo que esas no son tus verdaderas intenciones, si eres como yo, lo aprecias y valoras, porque gracias a él, puedes cumplir tantos sueños y metas, el dinero tiene una energía que puede ser usada tanto para hacer el bien, como para impedir que se haga, tú le das el trabajo que consideres correcto. Lo puedes gastar, o invertir, lo puedes utilizar, o ser utilizado tú, lo controlas tú, o el dinero te controla a ti. Si nos ponemos a pensar, la verdad, no utilizamos el tener tanto dinero para vivir bien y en abundancia, solo aprender a administrarlo mejor para sacarle el máximo provecho.

Tenemos que tener control sobre nosotros, para no derrocharlo en cosas que no tienen un valor que aportar, porque es muy fácil el caer en la trampa de aparentar, lo que está de moda es presumir de un estilo de vida, que no tenemos en verdad, para apantallar y hacer creer que somos algo que no somos. Las redes sociales son una herramienta muy poderosa, y tienen mucha fuerza para sugestionar a muchos, su uso tendría que ser responsable, porque ya sea por malicia o por ignorancia podemos hacer daño o salir dañados; "a gran poder, gran responsabilidad", y no fuimos preparados para esto, fue de un momento a otro, en donde sin saber la tecnología se apoderó de nuestras vidas, pero no con los fines correctos en la mayoría de las veces, más bien por el dinero que se mueve de por medio.

Es increíble como se está desapareciendo la clase media, hay muchísima gente viviendo en la pobreza, llenos de carencias en cosas que tendrían que ser más fáciles de adquirir, y tenemos millonarios acumulando demasiado dinero, gastándolo en cosas innecesarias. Creo que la educación financiera juega un papel fundamental en la sociedad moderna, para saber cómo tomar las decisiones correctas con el dinero que manejamos en cada etapa de nuestra vida. Y eso amigos, es decisión nuestra, nosotros tenemos que pagar el precio, para estar mejor preparados y preparar a nuestras futuras generaciones, y como siempre, asumir responsabilidad de donde nos encontramos financieramente, no culpar a nadie, ni a nada, dejar de envidiar y desear mal a los que tienen mucho, más bien aprender de ellos lo bueno, lo malo desecharlo y comprender que solo sabemos un porcentaje tan pequeño de la verdad, por lo cual no debemos permitirnos juzgar a ninguna persona, sin importar si tienen mucho dinero o poco.

Bendice el dinero siempre que llegue a ti, para que la energía con la que viene sea transmutada, da gracias por lo recibido, y cuando lo des; vuelve a bendecirlo para que a donde llegue sea de prosperidad, no tienes que hacer ritos extraños o cosas alocadas para obtener más, todas estas cosas, funcionan de acuerdo a tu fe, no las necesitas, pero como crees en ellas le das poder creador y funcionan, pero el problema se origina; cuando te condicionas tú mismo a cumplir con algo en específico, y luego no puedes, entonces sientes que como castigo por no cumplir; ahora el dinero se aleja y no sientes que te rinda.

Basta con la buena intención que depositas al tener contacto con él, basta con darle buen uso, basta con agradecer de corazón la cantidad que llegue. Nunca te sientas angustiado por la falta de dinero, porque esto hará que tengas ansiedad y como esa es una emoción negativa muy fuerte, hará que el dinero se aleje, para que te sientas más y más ansioso y angustiado. Y eso es lo peor que puedes hacer.

Lo mejor es, no contar a nadie cuando estés en una situación incómoda, donde estés apretado por la ausencia de dinero, lo mejor es, orar en secreto y pedirle a Dios por una fuente de ingresos, por una idea, por un trabajo, por una oportunidad, y ¡de una! salir a fuera a buscarla, tomar acción y dar pasos de fe, no esperar por un milagro, tú lo creas, tú participas activamente, y cambias tu situación.

Tú eres el milagro, tú eres un ángel de luz para muchas personas, cuando ayudas, especialmente a quien no te puede devolver el favor, tú puedes dar esperanza a tantas personas, si te lo propones, tú puedes enseñar el camino, cuando lo descubras tú, cuando aprendas tú, cuando sanes tú.

EL DÍA DE HOY AGRADEZCO POR TODO EL DINERO QUE HE TENIDO, QUE TENGO EN ESTE MOMENTO, QUE SEA DE BENDICIÓN DE DONDE VIENE, Y HACIA DONDE VA, AMÉN.

CAPÍTULO 17

Da Gracias Por Todo, En Todo Momento

Este es uno de mis capítulos favoritos, porque todo lo bueno en la vida, se comienza a dar de una manera muy diferente cuando somos agradecidos. Es la raíz de la abundancia y felicidad.

Desde que somos pequeños, se nos educa a dar gracias; pero lo hacemos de una manera, no tan profunda, conforme el pasar de los años, de una manera a veces un tanto superficial. Decimos gracias, tal vez por costumbre, por educación, por respeto, por demostrar que tenemos buenos modales, por dejar en bien a nuestros padres y familiares, para que se sientan orgullosos de nosotros por ser educados.

Cuando en realidad lo que tenemos que hacer es agradecer desde el fondo de nuestro corazón por todo. ¡También por lo que creemos que es malo! Hay un sinfín de razones para agradecer, pero muchas veces pasamos días enteros sin sentir gratitud.

Toma el tiempo para comenzar a hacerlo. Este hábito te ayudará a preparar tu vida para más y mejores cosas. Si hay algo que he descubierto, es que antes de tener más debes agradecer por lo que tienes en este preciso momento.

Sino, lo que tienes, aunque poco, te será quitado, cambiará de manos para alguien que en realidad valore, y entienda este principio.

Como agradecen los bebes, o niños pequeños, disfrutando completamente de los que se les da, una caricia, un beso, un abrazo, nuestro tiempo. Y en recompensa nos dan unas maravillosas sonrisas, carcajadas o muestras de afecto tan dulces y tiernas que nos derriten el corazón.

Seamos como niños, estemos más presentes en el ahora y disfrutemos de todo lo que se nos da constantemente y de gratis, los rayos del sol, un hermoso atardecer, la lluvia, el viento, el agua y su frescura, nuestros alimentos, el amor de nuestros seres queridos, vamos por el mundo queriendo alcanzar tantas cosas materiales cuando lo que realmente importa es lo que ya tenemos.

Nuestra salud es una de esas cosas, no podríamos hacer absolutamente nada sin contar con salud. Ya dimos gracias por ello. No tenemos que esperar que algo ya no esté para comenzar a apreciarlo, sé que, "no se nos enseñó así", pero es nuestra responsabilidad ahora, es mejorar, corregir y aprender constantemente para que estemos en armonía con la nueva frecuencia en la que estamos pensando en ser parte.

Existen muchísimas técnicas para practicar la gratitud, pero para mí siempre será lo mejor el regalarnos al menos 5 minutos en la mañana al despertar y simplemente respirar profundamente, tomando consciencia de lo que un nuevo día significa, y de todas las oportunidades que tenemos, al estar vivos un día más.

Antes de dormir procurar al menos 10 minutos para repasar lo que hicimos durante el día, dar gracias por los momentos hermosos, dar gracias por los momentos difíciles, pero cambiar la vibración de los mismos y repetirlos en nuestra mente de la manera en que hubiésemos deseado que ocurriera. Nunca irnos a dormir enojados, tristes, o sintiendo una emoción negativa, lo que ocupamos es enfocar nuestra atención en dar gracias por los momentos más felices de nuestra vida, ir al subconsciente y substraer esas memorias, revivirlas en el momento presente y sentir gratitud.

Dar le gracias a Dios por todo lo vivido, porque tengo una nueva oportunidad de hacer lo que amo. Al consumir mis alimentos o beber agua, estar presente y disfrutarlos y saborearlos en verdad, yo amo la comida y me encanta cocinar, agradecer por esto, no se me hace difícil.

Al tener la oportunidad de dar un abrazo, una caricia o un beso darlo con un significado distinto, hacer el amor realmente, no por buscar gratificación, o quitar un impulso que nos intranquiliza, en verdad agradecer el tiempo de tu ser amado, honrándolo y creando amor, sentir el calor y la energía, el ritmo de los latidos del corazón, agradecer por ello y sentir como de pronto, todo toma un tono diferente, un tono mágico, un brillo especial, de pronto todo es mejor, y no hay necesidad de nada más.

Es hermoso disfrutar cada momento del día, al anochecer, dar gracias y quedarnos dormidos con ese sentimiento en nuestros corazones. Es algo tan hermoso vivir la vida en un estado de gratitud continuo, sin duda, estamos asegurando con esto un futuro hermoso para nosotros.

Y cuando nos ponemos en un estado así, todo conspira para llegar a nosotros. Así como cuando das un regalo, y es valorado en tan gran manera que tus deseos son de dar más, para volver a recibir un agradecimiento así, porque en nuestro corazón sentimos como esta persona merece más, por la manera tan hermosa de agradecer.

Hay personas que pueden fingir gratitud para recibir cosas, se están engañando, porque tal vez te puedan decir gracias, pero si pones atención, en realidad no lo sienten. Y es triste cuando se usan las leyes universales a conveniencia, por obtener algo, dar para recibir, no es dar si no quitar. Cuando la verdadera naturaleza de todos y todo es: "Dar y Compartir". Porque si lo que estamos haciendo es quitar, tarde o temprano se nos quitará y no será poco, "Será con creces".

Y no se trata de ir repitiendo gracias, por todos lados vanamente. Siente la gratitud, vívela y tus bendiciones serán multiplicadas, tendrás tanto, que podrás compartir. Solo recuerda tomar en cuenta cada área de tu vida, y verás como todas esas áreas se verán prosperadas.

CABALLEROS A PRUEBA DE FUEGO

DOY GRACIAS AL DÍA Y A LA NOCHE
A LA LUNA Y EL SOL
A LAS ESTRELLAS Y LOS MARES
QUE SE UNEN POR MOMENTOS POR EL RESPLANDOR
DOY GRACIAS POR ESTAR VIVO
Y SER PARTE DE ESTE MUNDO
GRACIAS A MI MADRE, GRACIAS A MI PADRE
SE MERECEN HONOR, APRECIO Y ADMIRACION
GRACIAS POR MI CUERPO Y CADA CELULA DEL MISMO
GRACIAS POR MI PENSAMIENTO
EN CONSTANTE CAMBIO Y ADAPTACIÓN
GRACIAS POR MI ESPIRITU INQUIETO
GRACIAS POR MIS HIJOS, MI INSPIRACIÓN
GRACIAS POR EL AMOR EN TODO MOMENTO Y TIEMPO
GRACIAS POR MI ESPOSA, POR SER ESA AYUDA IDEÓNIA
GRACIAS POR LA FELICIDAD, Y EL PODER COMPARTIRLA
GRACIAS POR MIS TALENTOS, QUE ME PERMITEN TRIUNFAR
GRACIAS POR MIS SUEÑOS Y METAS SIEMPRE DIGNAS Y ALCANZABLES
GRACIAS POR MIS AMIGOS, HERMANOS ESCOGIDOS
GRACIAS POR MIS HERMANOS, AMIGOS DE SANGRE
GRACIAS A LA MADRE TIERRA
POR LAS PLANTAS Y RÍOS,
POR LOS ANIMALES QUE SON FUENTE DE INSPIRACIÓN
POR EL HOGAR EN EL QUE VIVO
GRACIAS O DIOS
GRACIAS POR SER TU HIJO, TU HERMANO Y AMIGO

LA LUZ QUE LLEVO EN MÍ

GRACIAS POR MIS FALLOS QUE ME ENSEÑARON A PENSAR
SABIDURIA ADQUIRIDA A TRAVÉS DE FUEGO
GRACIAS TE DIGO
LO SIENTO Y LO RESPIRO
GRACIAS A TODO Y POR TODO
POR SER COMO SOY
GRACIAS ME DOY
ME HONRO Y ME RESPETO
ME AMO Y ME QUIERO
Y ENTONCES SOLO ENTONCES
AMAR A MI PRÓJIMO PUEDO.

CAPÍTULO 18

Amor Mío

Cuando pensamos en amar, siempre lo hacemos pensando en alguien más, cuando a la primera persona que tenemos que dedicar nuestro amor y honor es a nosotros mismos, está bien claro en un mandamiento: "Ama a tu prójimo, como a ti mismo", pero si no te amas, como puedes amar en verdad. Talvez lo hagas, pero en realidad lo haces en una medida superficial, no como tendría que ser, nos conformamos con dar amor a medias y recibir a medias, incluso llegamos a pensar; que el amor no es necesario, que podemos vivir sin él.

Muchísimas veces nos confundimos, porque tenemos necesidad de amor, y no comprendemos esa necesidad y queremos llenarla de una manera, cuando pueden llegar incluso a ser hasta más de 11 los distintos tipos de amor que existen y por ende más de 10 distintos tipos de necesidad por suplir:

1. Tenemos amor por un lugar, de la niñez o un lugar específico que nos hace sentir vivos y en paz, en donde solo por estar allí, sabemos que todo estará bien.

2. *Está el amor por la naturaleza y todo lo que tenga que ver con la madre tierra, nos llena de felicidad y nos pone en un estado de tranquilidad y de armonía, es por eso que constantemente buscamos salir de la prisa del mundo y refugiarnos, aunque sea por instantes en la calma de un atardecer en la playa, en la montaña o en algún lago.*

3. *Llegamos a sentir mucho amor por nuestros amigos, y ese vínculo es algo muy fuerte, por que sentimos que son la familia que escogimos, compartimos todo tipo de experiencias y aventuras, y podemos ser nosotros mismos cuando los lazos son fuertes, son una pieza fundamental en los momentos importantes de nuestra vida, tanto por tener alguien con quien compartirlos como por el apoyo para lograrlos.*

4. *El amor que sentimos por ese ser amado, por esa persona tan especial con la que compartimos momentos inolvidables, momentos en donde aprendemos y crecemos juntos, sintiendo al mismo tiempo varios tipos de amor, como el de amigos o el amor pasional, y es ese ser que nos inspira a descubrir más tipos de amor, como el amor por los hijos, el amor por Dios, el amor por nosotros mismos, el amor por la naturaleza, el amor por la comida, en definitiva, cuando contamos con este amor, encontramos que la vida cobra un sentido mejor que nos impulsa a vivir y experimentar el mundo, por algo Dios, nos dio esa ayuda idónea, gracias Dios.*

5. El amor por nuestros hijos, es increíble pensar que a pesar de que nos creemos incapaces de realizar una actividad, a pesar de los límites que solitos nos hemos impuesto, a pesar de pensamientos de "¡eso es demasiado para mí!", tengamos la capacidad en nosotros de crear una vida, un ser perfecto, y con toda la capacidad y el potencial para hacer cosas inimaginables. Son nuestros hijos el mejor regalo que podemos obtener, es un privilegio el tener la posibilidad de ser padres, esto es algo que nunca deberíamos de dar por hecho, y mirarlo como una oportunidad para crecer y ser mejores, siendo un hijo un maestro, alguien quien nos motiva a darlo todo, son un impulso, y al nacer un hijo, nace algo que también no existía; un papá y una mamá.

6. El amor por nuestra familia, son esos seres especiales que Dios ha mandado para que sean nuestros compañeros de viaje, esa unión por sangre hace que a pesar de como podamos llegar a ser y los errores que podamos cometer, siempre podremos contar con la familia.

7. Amor compasivo, es el amor que sentimos cuando nos compadecemos por otro ser vivo, es incondicional y no buscamos ningún interés hacia nuestra persona, nos mueve a actuar con bondad.

8. El amor que sentimos hacia Dios, es un amor único, fuerte y lleno de sentimientos hermosos, con un profundo grado de respeto y gratitud, es nuestra fortaleza en todo momento, y es un amor que calma nuestra sed y nos motiva a buscar lo bueno en todo momento, nos educa a ser mejores y a entender que todos somos hermanos.

9. *El amor hacia nuestras mascotas, es un amor tan especial, tan distinto y lleno de momentos graciosos, en donde se convierten en nuestros confidentes, y compañeros de vida, en donde encontramos refugio en los momentos difíciles, son esos seres que nos demuestran un amor desinteresado y nos muestran la gratitud real.*

10. *El amor hacia nosotros mismos, en donde demostramos el compromiso que tenemos por estar bien y ser felices, donde se refleja el grado de autoestima y compasión que poseemos, no sabía que tenía que amarme yo primero, desconocía que esto es lo mejor que podía hacer para poder amar a alguien más, no fue hasta que empecé a mirarme con amor y compasión que las demás personas comenzaron a tratarme de igual manera.*

11. *El amor que podemos llegar a sentir hacia alguna actividad o un deporte; en mi caso el amor por el fútbol, incluso siento que por instantes cuando estoy jugando un partido, mi mente no puede enfocarse en nada más que el momento presente, todo lo que ocurre en el cuerpo, los latidos del corazón, el sentir como los pulmones se expanden, todas las emociones que se experimentan en un periodo de tiempo tan corto. Sin lugar a dudas, cualquier actividad que practiques, saca lo mejor de ti, te exige a ser mejor y a competir con la ilusión de ganar.*

Son tantos tipos de amor que podemos experimentar en nuestra vida y están allí para proveernos de energía y de motivación para todo lo que decidamos hacer, solo tenemos que buscar esa energía, o mejor aún, rodearnos de todo tipo de amor como parte de nuestra vida cotidiana, así estaremos con los tanques bien llenos en todo momento.

Mi misión en la vida para con mis hijos es estar allí para ellos; para que sea cual sea, la decisión que decidan tomar, sea la correcta, porque tendrá como base el amor, y no por ego, por miedo, por venganza o por un padre ausente, o violento que los marcó, que no llenen su corazón de resentimiento, o busquen amor por necesidad como yo alguna vez lo hice, queriendo llenar un vacío, que solo se llena por un breve momento y la necesidad vuelve y obliga a buscar otro parche momentáneo. Y esto hace que entremos en un círculo en donde fácilmente se convierte en una espiral hacia una caída, que va de la mano con alcohol, drogas y todo tipo de conducta destructiva. Todo por no haber tenido una fuente de amor, algo que nos ayudará a no darnos por vencidos, muchas veces lo único que se necesita es alguien que te escuche y te diga que todo va a estar bien, y que "¡es posible cambiar y ser perdonado!", yo lo necesité, pero hubo momentos que lo único que venía de otras personas eran palabras que me hacían sentir lo malo que era, y que este mundo sería un mejor lugar sin mi presencia. Seamos gentiles para con los demás, una palabra de amor ilumina, especialmente entre más oscuridad está atravesando una persona.

Comencemos a sanar realmente, y amarnos para estar bien, ver bien y amar bien. Primero tenemos que reconocer que no estamos bien, no tienes que gritárselo al mundo, esto es entre tú y Dios, solo hay que reconocer que algo no está bien, que necesitamos ayuda, solo al reconocerlo damos la posibilidad de abrir nuestro corazón para después buscar la solución, y luego interiorizar y pensar en donde estuvo el momento en el que dejé de amarme y empecé a buscar afuera lo que tengo que buscar dentro de mí.

¿Qué pasó? ¿Qué fue lo que hizo que cambiaras tu esencia?

Sé que hay momentos muy difíciles, pero no estás solo, y vale la pena luchar por ti. Vales la pena, no te rindas por favor. Yo me quise dar por vencido tantas veces, ahora agradezco de corazón que no lo hice, pero también doy gracias infinitas a Dios por cada una de las pruebas, cada una de mis heridas y por cada situación de dolor, de traición, de abuso. Ahora estoy en paz, sé que fue necesario que sucedieran muchas cosas, otras pudieron ser evitadas, pero de igual manera, me pregunto:
¿Para qué me sucedió esto?
¿Cuál fue el motivo?
¿Qué tengo que aprender de todo esto?

Ahora entiendo, que soy el hombre que soy, gracias a todo lo que atravesé, no lo usaré de excusa, ni me pondré a pensar ¿Por qué a mí?
¿Y a quien más?
¿Tienes alguna sugerencia?

Me pasó a mí y punto, decido el día de hoy soltar todo lo que me impide amarme como soy. Es solo una decisión, decido enfocarme en amarme y darme las gracias por que a pesar de todo sigo de pie y con más hambre por vivir.

No habrá nada ni nadie que me impida, en convertirme en la mejor versión de mí.
Lucharé día tras día, minuto tras minuto, contra la única persona que puede alejarme de la felicidad: "Yo Mismo".
Nadie más, solo yo contra mí.

Me pondré en primer lugar, me tomaré en cuenta, ya basta de dejarme de último, soy hijo de Dios también y merezco una nueva oportunidad, la quiero y la reclamo, y la ¡aprovecharé!

Si hiciste algo malo y crees que NO mereces amor, ¡estás completamente equivocado!, Sí lo mereces, y al estar bien, lleno de amor sano, podrás ayudar muchísimo más, tal vez el daño que hayas provocado fue demasiado, pero intenta devolver tanto como puedas mientras tengas un aliento de vida, aporta todo lo que puedas. Si estás realmente arrepentido; da frutos de arrepentimiento y bendice a Dios por darte una nueva oportunidad. No todos la tenemos, otros partieron sin tener la ocasión de remendar sus faltas.

Recuerda, este es un camino para gente valiente, guerreros que ya no usan ninguna excusa para convertirse en la mejor versión de sí mismos. Guerreros que reconozcan que, aunque no lo sientan siempre, aunque estén llenos de dudas y de temor, caminarán con el miedo de la mano y lo vencerán día con día. Guerreros que saben que es lo correcto y necesario, que son parte del cambio por decisión, no por obligación, ni por amenaza.

Repite constantemente, hasta 70 veces 7:
"Me amo y soy digno de una nueva oportunidad, lo que era ¡lo suelto!, lo que me pasó ¡lo suelto!, lo que hice ¡lo suelto en este momento!, por amor y por misericordia, me declaro libre de cualquier atadura que me impida amar".

Sé que el demostrar amor a otros y a nosotros mismos es algo que no sabemos hacer, porque ¡no nos enseñaron!, muchas veces, no lo sabemos distinguir porque posiblemente nunca lo hemos sentido en realidad. Nos podemos confundir pensando que es, pero talvez, no esté ni siquiera cerca. El amor real, se siente, no ocupa decirse, no ocupa ser gritado para que los demás se enteren, es un círculo de confianza, entre los que son parte de él. Piensa en el amor de Dios, te comparto lo que yo siento:

El amor de mi papá Dios es tan hermoso, me siento libre y completamente aceptado, no hay juicios, no hay condenas, es tan grande y tan intenso que atraviesa cada célula de mi cuerpo y restaura mi ser, me da y no me pide nada a cambio para Él, lo que pide es para mí, me servirá a mí y es para mi propio bienestar, no necesito explicarle a nadie, ni preguntar por alguna opinión, o esperar la aprobación de alguien. Es entre Él y Yo.

Si tienes algo hermoso, donde no ocupes decir un TE AMO, se siente, se expresa de muchas maneras: A través de contacto físico, un beso, un abrazo; al compartir tiempo juntos, por medio de regalos, al preparar los alimentos, o cuidar de la otra persona cuando enferma, al proveer, o cuidar de lo que se tiene juntos, y con palabras que pueden ir desde: ¿Cómo estuvo tu día? ¿ya comiste? ¿ocupas ayuda?

Sin saberlo, hemos estado rodeados de amor por todos lados y en todo tiempo, solo que todos lo expresamos de distinta manera, tal vez no estamos acostumbrados a decir un TE AMO, pero usamos todos los lenguajes de amor continuamente con todas las personas a nuestro alrededor, ahora solo trata de hacerlo conscientemente, y ponle mayor intención y significado y verás la magia del amor.

El amor está alrededor nuestro, todo el tiempo. El secreto es imitar a la naturaleza, te has preguntado si ¿el sol alguna vez pide algo a cambio? O ¿la luna?, "Ellos solo dan", de igual manera nosotros, desde ahora en adelante, da amor a cada persona, que se sienta tu energía y tus buenas intenciones para con todos, a través de tus palabras, interacciones, miradas, gestos y poco a poco verás como todos a tu al rededor comienzan a devolver por naturaleza lo que vas sembrado.

Ahora, nada más cuida tu mente y no dejes que nada ni nadie se involucren en ella, con pensamientos diferentes a los que tu deseas para tu vida, porque el amor debe ser puro, sin malicia ni malas intenciones, para que produzca solo cosas buenas. Tal vez tome un tiempo en que te adaptes a una manera nueva de amar, no importa, paso a paso está bien, vale el esfuerzo, para llegar al momento en que te sientas en armonía con el mundo. Todos los seres que vibren en esa nueva frecuencia, serán cada vez más. Y poco a poco con un amor correcto, transformaremos nuestro entorno para dar fe y testimonio de lo que llevamos dentro.
Amate, cuídate y busca tu felicidad, disfruta la vida.
Dios te bendiga y llene tu corazón de amor propio.

CAPÍTULO 19

Está Bien Decir "No"

Por mucho tiempo, me sentía mal o culpable cuando alguien me pedía dinero y decía que NO, porque pensaba que como cristiano estaba en mí, la obligación de decir que sí, a todo aquel que me pedía ayuda. Luego al prestar "x" cantidad de dinero, pasaba el tiempo y nunca lo volvía a ver, ni a la persona, mucho menos lo prestado. El problema no es ayudar, simplemente la cantidad que des, tiene que ser una cantidad que estés dispuesto a desprenderte, piensa que estas donando dinero, así si retorna; será muy bien recibido y si no, ya lo habías soltado desde antes. Pero al darlo desde un principio, un tanto no queriendo, desde ese momento, desde la duda, es posible que no se vuelva a ver la cantidad por ningún lado, y lo que la va remplazar es el sentimiento de arrepentimiento, la sensación de haber sido tontos, por confiar y prestar así de fácil, surge en uno un sentimiento de carencia y algo que pudo haber sido algo positivo para todos, algo que hubiese significado un pacto o una alianza, crea una energía negativa atrapada. Y ahora cada vez que te viene esa persona a la mente, será acompañada de muchos pensamientos negativos. Alguien me dijo una vez, "¿quieres que una persona desaparezca de tu vida? ¡préstale dinero!"

Entonces el decir que NO, hubiese sido la mejor opción.

No te compliques la vida, está bien decir que NO, si no se puede, no se puede.

Al principio, está bien ayudar de muchas otras maneras, sobre todo cuando tu estas comenzando a vivir, sin involucrar dinero. Como vas a dar, algo que no tienes, y como vas a tener más, si no aprendes a decir que NO. Administrar tus recursos te llevará lejos en la vida.

La vitamina N, es una de las mejores vitaminas que puedes tomar a diario y constantemente, porque todo el tiempo estamos presionados a decir que si, a un sin número de actividades, personas, o situaciones que solo nos roban el tiempo, nuestra energía y dinero; que a su vez es tiempo, que nos costó en ganarlo.

Todos tenemos una cantidad de energía para cada día, energía que depende de nosotros en administrar, y si constantemente nos estamos saboteando al decir que sí, a cosas que no queremos, entonces será difícil que tengamos la energía necesaria para las cosas que realmente importan.

Acostúmbrate también a depender de ti y evitar poner a alguien en la misma situación, si pides sé consciente del esfuerzo de la persona que te está ayudando. Ten palabra y cumple con lo acordado, si pides prestado devuelve con creces y valora siempre a la persona que te ayudó. Pero recuerda que abriste la puerta para también hacer lo mismo por esa persona en un futuro.

Que no se te haga costumbre el pedir solo pensando en tu bienestar, siempre piensa en cómo pueden ganar todos. Así cada vez que ocupes pedir ayuda o dar ayuda, se convierta en una oportunidad, para crear lazos, construir puentes de oportunidad, y unir alianzas.

Antes de decir que sí a algo de lo que no estés completamente seguro, toma un tiempo antes de responder, usualmente, todos tenemos un momento en que estamos emocionados, y ya sea por el ambiente, la atmósfera, la emoción del momento, o por presión; somos presa fácil para muchas personas, y no es que esté mal o bien, a veces necesitamos de todas estas circunstancias y esa presión, la cual es absolutamente necesaria para salir de nuestra zona de comodidad, pero el punto es que, tenemos que tener el control suficiente para poder decir que NO, sin culpas, ni arrepentimientos, sin complejos, ni dilemas.

Está bien esperar, tomar las cosas con calma. Recuerda que un NO, no es permanente, tal vez es la persona correcta, es lo indicado, es lo que te vibra, es lo que quieres, es todo, pero el tiempo; ¡no es el correcto! Si adelantas las cosas, pones en riesgo el resultado y al final, habrás deseado esperar.

Acepta un NO, de igual manera, aprende a tomar un NO, y no lo tomes personal, hay muchas razones por las que puedes recibir un NO, y por lo general siempre tiene que ver con la otra persona, o el tiempo, no contigo. Entre más te graves en la cabeza de que, un NO es también algo positivo, entenderás el poder y la bendición que trae consigo.

Cuando te den un resultado negativo, sobre todo con respecto a tu salud, no te apresures a aceptar esa enfermedad, o condición que te obliga a vivir de una manera diferente, con miedo, con tristeza o con angustia. En especial si va seguida de una cantidad de tiempo que te limita a estar aquí en este

mundo. Ponlo en duda encomiéndate a Dios y di: "NO, en el nombre de Dios, lo rechazo".
Nunca aceptes algo que no quieres, no importa quién te lo diga. Si sientes tu salud de verdad afectada, conscientemente puedes trabajar en ella y mejorar, cambiar tus hábitos y recobrar tu salud, "Recuerda todo es posible para aquel que cree".

Hay muchas veces que nosotros decidimos actuar en donde ni siquiera se nos ha pedido el hacerlo, decimos que sí por amor, pero muchas veces el NO, es necesario y puede ser por amor también. Hay seres que amamos, que están en malos pasos, atrapados en adicciones y conflictos en donde no ven con claridad, por ende, hagas lo que hagas pasará por desapercibido, un NO puede ser la solución que los lleve a tocar fondo y a reaccionar, para aceptar la ayuda, es difícil y cada situación requiere de ser pensada profundamente, pero un NO es también válido, porque es tu vida la que se ve afectada también, y a veces haces más al no hacer nada.

Recuerda que vivimos en un mundo en donde el grado de inconsciencia es aún muy grande, y muchas de las cosas que hacemos o a las que nos comprometemos a hacer, las hacemos sin pensar, para muestra un botón:

Cuando tenía alrededor de 15 años, iba a casa de una amiga a la que quería mucho, y hacia lo posible por ir a verla frecuentemente, porque me gustaba mucho, solíamos platicar afuera de su casa, pero en la entrada de su colonia se reunían muchos pandilleros, uno de ellos me saludaba según yo bien, incluso llegué a pensar que éramos amigos, no sabía que hacían en la entrada del barrio, pero nunca le puse importancia, según yo, solo se reunían para platicar, "así como yo con mis amigos". Hasta que un día este muchacho, se me acercó y con voz amigable me dijo: ¡Quiero que me hagas un favor!, no había terminado de decir que sí, cuando sacó un cuchillo de no sé dónde y me lo dio, ¿toma guárdamelo? Me dijo, y pues yo no dije que no, y ni pregunté para que. Recuerdo solo caminamos como una cuadra y me lo pidió de regreso, y se me hizo fácil devolverlo, cuando de la nada, me lanzó un cuchillazo, de milagro logré agarrar su ante brazo y la punta del cuchillo solo rozó mi estómago. Me sentí bien asustado, pero agarré valor y le dije que parara. Me respondió: "Ya me enteré que eres de otro barrio, y te voy a matar por eso", me enojé y le grité: "¡Estás loco! ¡Suéltame!"

En eso venían unas personas, entonces me soltó y se fue, me fui temblando lejos de ese lugar, nunca le conté a nadie en mi casa, sabía que mi madre ya no me dejaría salir si se enteraba. Ahora reflexiono que, incluso nos puede costar la vida, por apresurarnos a decir que sí. Sé que a veces la presión que otras personas ejercen sobre nosotros puede ser mucha, pero si vale la pena puede esperar, créeme decir que no, es algo que es necesario e indispensable.

Sabias que hay personas, que incluso se ponen de acuerdo para pedir de ti, cuando se dan cuenta que eres de los que dicen que sí fácil; recuerdo que escuché en una ocasión, a alguien dando un consejo al respecto de mi: "Ve con Marlon, él tiene dinero ve y pídele, vas a ver que te lo da, y si quieres ¡ya no se lo pagues!"

¿Como crees que me sentí? Talvez, tu estás con la buena intención de ayudar

y de pronto, te das cuenta que no lo merece tal persona. No estoy, en contra de ayudar, creo que es lo más hermoso y una gran bendición estar del lado de los que pueden dar. Pero quiero que siempre estés consciente de ¿cuánto?, ¿Cómo?, ¿a quién?, ¿Por qué?, ¿para qué? Tu dinero y tu ayuda serán ocupados, todos tenemos recursos que podrían servir a una persona que en verdad lo necesita, pero muchas veces los usamos en personas que, ni los necesitan, ni los aprovechan.

Cuando tengas duda de algo, pídele a Dios ayuda para encontrar la verdad, esa es una de las cualidades de Dios, "la verdad". Pide que la verdad se manifieste y espera, te darás cuenta que pronto vendrá la respuesta.

Cuida de tu cuerpo, no ocupas entregarlo, ni acceder a nada que tu no quieras, te pertenece solo a ti, y cualquier decisión que tomes con él, te acompañará por el resto de tu vida. Hay decisiones que no son fáciles de tomar, tal vez necesites esperar hasta tener un grado de madurez mayor, y más claridad en lo que decidas hacer, nunca creas que algo es correcto o no, por la cantidad de personas a favor o en contra. Decide con el corazón, y conscientemente. Pregunta, infórmate y analiza cada ángulo, para que después no te arrepientas y arrastres una culpa que pudo haber sido evitada. Hay decisiones que son irreversibles y que pueden marcar tu vida de una manera muy negativa. Para mí es mejor informarme bien antes de una decisión importante, no tomarlo muy a la ligera, preguntar a personas que están en la misma situación, y también a las que estuvieron hace tiempo en ese dilema, ¿Tomarían la misma decisión de nuevo o cambiarían su decisión? ¿Existe una mejor solución?

¿Es esto lo que realmente quiero hacer?

¿Es mi decisión?

¿Estoy siendo sugestionado por alguien o algo?

¿Cómo cambiará mi vida con esta decisión?

Hay muchísimas preguntas por responder, siempre antes de una importante decisión. Siempre que puedas con calma, que hay más tiempo que vida, recuérdalo.

CAPÍTULO 20

El Poder De Las Palabras

En un bosque saltaban 2 ranitas, de un momento a otro sin percatarse como, ambas cayeron en un hoyo demasiado profundo para poder escapar, pero por un milagro se lograban apoyar en un pedacito de piedra, que les servía como trampolín cada vez que descendían, no podían descansar, no había espacio para ser sostenidas, lo único que podían era saltar y al caer, apoyarse en ese pedacito para volver a saltar, y cuando saltaban quedaban aún muy lejos de poder escapar, el hacerlo sería una tarea prácticamente imposible, pero de igual manera se mantenían saltando; intentando salir.

Muchas otras ranitas que vieron lo sucedido se acercaron para ayudar, pero al ver lo hondo de aquel hoyo, sintieron que no valía ya el esfuerzo, tuvieron lástima de la situación de las ranitas atrapadas y mejor trataron de detener aquel sufrimiento en vano, porque creían que ya no había esperanza, que lo mejor era que se dejaran morir, entonces usaron su voz para gritarles: ¡paren! ¡ya no salten! ¡no tiene caso! ¡déjense morir mejor! ¡no sean necias! Entonces una de las ranitas desistió y comenzó a saltar cada vez menos y menos hasta que, se dejó morir cayendo a lo profundo de aquel hoyo. En cambio, la otra ranita, saltaba con más y más fuerza, hasta lograr lo imposible para todas, salió y cuando las demás ranitas se acercaron para preguntarle porque no desistió en su intento, se dieron cuenta que la ranita no podía escuchar. Todo el tiempo pensó que la estaban animando para salir.

Es así como con nuestras palabras podemos hundir a una persona que se encuentra en un hoyo, o podemos con palabras motivarla a lograr lo imposible.

Cada palabra tiene un poder asombroso, una vibración y es con nuestras palabras que, encantamos todo a nuestro alrededor, la palabra al ser lanzada tiene un propósito especifico por cumplir. Ya sea edificar o destruir, y por lo general todos tomamos este privilegio tan a la ligera, que vamos sembrando por donde quiera semillas de todo, menos de lo que tendría que ser sembrado. Condenamos a una persona por el error cometido.

Encantamos a nuestros hijos con frases que tienen un fuerte impacto emocional en sus vidas, y para nosotros fue una simple regañada. Herimos sus sentimientos, los marcamos, y les cortamos las alas constantemente. Con todo tipo de frases que decimos nada más por decir. Desde pequeños los llamamos por sobrenombres que se nos hacen bonitos, como: gordito, chaparrito, etc. Es triste como usamos nuestra voz para hundir a una persona, y para nosotros nada más divertido como, el contar el chisme de turno.

Ofendemos y maldecimos los días, diciendo:
¡El día va a estar malo porque, está lloviendo!
¡Hay mucho calor, no vamos a vender!

¡Hay, hoy me levanté con el pie izquierdo!

¡Hay, hoy es lunes, que malo, otra vez lo mismo!

¡Es viernes, ya casi se acaba la semana, qué bueno!

No sabemos lo que decimos, pero es tiempo de poner atención a lo que decimos, es tiempo de crear consciencia de nuestras palabras y recordar todo el tiempo que con ellas estamos edificando nuestro futuro, y el de las personas a nuestro alrededor, en especial cuando estamos a cargo del futuro de nuestros hijos.

Tenemos que tener esto bien claro, porque ellos son fácilmente sugestionables por nosotros, al vernos como sus superhéroes, ellos creerán todo lo que les decimos en esos primeros años, luego nuestra presencia y consejo influirán casi por el resto de sus vidas. Si algo te pido en este libro y quiero que te lleves como un favor especial para mí, es que ya no les hables feo, de mala manera, ya no les grites, te entiendo que ser padres es muy complicado, cuando nosotros mismos no sabemos lo que hacemos y somos infelices, no nos desquitemos con ellos. Démosle a ellos la oportunidad que nosotros no tuvimos, no dando cosas materiales, más bien, ayudándoles a crear conciencia desde pequeñitos, démosles el conocimiento para que puedan tomar las mejores decisiones, expliquémosles como mini adultos que son, de las consecuencias de hacer lo incorrecto, que aprendan de sabiduría en los demás espejos, enseñemos que ellos no tienen que pasar por ningún problema para aprender, ni tener que sufrir tanto en la vida, enseñemos a amarse por quienes son, a decir lo siento cuando se equivoquen, a perdonarse y a no tener rencores con nadie, a que pueden lograr lo que quieran en la vida, a sentirse orgullosos de quienes son y de sus raíces, a que siempre van a estar bien, a que busquen su felicidad por sobre todo, a sentir gratitud y expresarla con intención, a que pueden ser parte de un mundo mejor y por sobre todo a AMAR A DIOS, Y A QUE SEPAN QUE ÉL LOS AMA POR SOBRE TODO.

Está en nosotros el sembrar una nueva generación que de frutos de amor, de gratitud, de paz, de vida, de inteligencia, de prosperidad, de abundancia, de compasión. Está en nosotros el permitir que lo malo perdure o que encuentre su final.

Empecemos por nosotros, cambiemos las conversaciones que nos decimos a nosotros mismos, que haya amor y compasión y todo tipo de palabras bonitas, que nos hagan sentir importantes y merecedores, ¡porque lo somos!

Usemos el espejo y mirándonos fijamente a los ojos; regalemos un TE AMO, un GRACIAS POR TODO, un VAMOS A ESTAR BIEN, un TE PERDONO Y TE ACEPTO, un CUENTAS CONMIGO, un ESTOY ORGULLOSO DE TI.

Y con nuestras palabras podemos comenzar a hacer la diferencia. Edifiquemos un mundo diferente a nuestro alrededor. Tengamos siempre presente palabras que motiven a los demás. Y que nos hagan creer en ser mejores.

Y poco a poco, todo a nuestro alrededor se transformará, porque nosotros nos transformamos, todo cambia cuando cambiamos, todo mejora cuando mejoramos, está en nosotros.

Bendiciones, salud, abundancia, amor, prosperidad, paz, felicidad para ti y para mí siempre, amén.

CAPÍTULO 21

Solo Existe un Tiempo

El único tiempo que importa y en donde realmente podemos tener un efecto en nuestras vidas, es el ahora. Quiero que revivas una memoria del pasado, listo. Ahora quiero que sueñes con tus ojos cerrados, ¿Cómo te visualizas en 7 años?
Tienes las dos respuestas, perfecto.

Ahora quiero que me contestes ¿en qué tiempo viviste, tu pasado y tu futuro? ¡Exacto! En el presente, todo converge solamente en un tiempo, para volver al pasado, tienes que traer una memoria escondida en él y revivirla en tu mente en este momento, de igual manera, el futuro solo puede ser alcanzado desde el ahora.

Es por esto que, el pasado es como una biblioteca que tienes que organizar de una manera que te funcione y que tenga provecho para ti, no en tu contra. Selecciona todo lo que está de más y simplemente lo desechas, lo sueltas, lo ignoras, y la mente solita se dará cuenta que ese recuerdo no merece estar y ya no estará, si tienes memorias tristes, que marcaron tu vida, no las revivas desde el sentimiento, más bien como un espectador viendo una película en la sala de un cine. Esas memorias están allí porque tienen un propósito especifico en tu vida, crean vulnerabilidad y te hacen apreciar más los momentos de felicidad.

Las memorias de violencia y cualquier trauma, son memorias que quisiéramos olvidar, pero están presentes porque ocupamos sanarlas primero y de alguna manera trabajar la experiencia, para aprender de ella, aunque nosotros no tengamos ninguna culpa en lo sucedido, es importante ponernos como simples espectadores en todos estos procesos para no incluir sentimientos que hagan que te inclines hacia alguna emoción específica que impida ver lo que tienes que ver.

Entra en tu aposento y cierra la puerta, ora a tu padre que está en secreto y tu padre que ve en lo secreto te recompensará en público.

Tu aposento eres tú, es tu interior. Tus memorias, tus sentimientos, tus deseos, todo está allí, con la puerta cerrada ora a tu padre. Para lograr orar de verdad lo haces desde el presente y es completamente crucial que cierres la puerta a toda, interferencia o distracción que impidan una conexión entre tú y EL PADRE.

Cuando oras, estas reviviendo en el presente, lo que llevas cargando y lo que pides que te sea dado, ósea el futuro. Estás uniendo el pasado, presente y futuro en una misma línea, para que la oración tenga poder tiene que haber armonía y paz entre los 3 tiempos.

"Donde dos o tres estén reunidos en mi nombre allí estaré yo", todo es

armonía, para que exista un estado de fluidez en tu vida, no puedes estar peleado con el pasado o ansioso por el futuro. Suelta todo lo que te haga sentir mal y centra todo en vivir solamente en el ahora. Recuerda que el ahora es llamado presente, es un regalo que tienes que aprovechar. Entre más te enfoques en cada instante de tu vida, te darás cuenta que hay tanto por lo que dar gracias.

Cuando oramos, abrimos las puertas a la bendición, quieres saber la respuesta a tus oraciones, es tiempo de meditar, cuando meditamos; estamos en un momento que expande el ahora y lo acentúa, teniendo la posibilidad de conectar con la fuente, de una manera tan profunda e ilimitada que se aleja de la razón y tiene matices de iluminación, en donde te encuentras en un estado donde la paz hace que no importe nada más, el sentir lo es todo, el apreciar el momento es lo único que importa, en donde un segundo en la presencia de Dios vale más que miles de años alejado de él. Y es en esos momentos cuando sientes que las respuestas van llegando, de repente sabes y entiendes todo, ves con otros ojos, lo que antes ni siquiera era importante para ti. Todo ahora tiene un sentido más profundo y significativo, con certeza todo es posible cuando consigues soltar todo y te sumerges completamente en la presencia de la fuente de vida, en la consciencia, de la que todos somos parte como gotas del mar en un océano infinito.

Reconecta con tu esencia, al tener un momento de presencia total, sin mente, sin ningún pensamiento, tal vez logres ver hacia dentro el tiempo suficiente para contemplar la iluminación, aunque sea por un instante; te darás cuenta que de pronto todo cobra un brillo distinto, los colores se ven más brillantes y vivos, los sentidos de nuestro cuerpo se agudizan y puedes realmente sentir, no importa nada más, el mundo deja de girar y es como si el agua de una cascada se detuviera en plena caída, he incluso atentará con volver su marcha atrás, es un tiempo mágico, un tiempo eterno, un ahora místico, pero posible, y en su quietud surge la belleza del vivir.

¿Entiendes porque es importante el ahora? Vívelo, respétalo, agradece, y ámalo, porque es un privilegio, es un regalo, es un ¡presente!

CAPÍTULO 22

Actitud

Una de las palabras más importantes, que encontrarás en la vida es "actitud" porque es con ella que nos colocamos nosotros mismos frente a posibilidades de éxito, o con nuestra actitud cerramos las puertas del mismo, y a un sin fin de experiencias. Y tenemos que recordar siempre, que lo único que nos vamos a llevar cuando nos toque partir de este mundo son todas las experiencias vividas; pero ¿de qué nos sirve recordar algo que nos dio igual, o dónde no pusimos interés, pasión o entusiasmo?

La actitud hacia todo lo que hacemos, abre las puertas de la felicidad, o nos catapulta en la mediocridad. Porque si no estamos convencidos de ir en verdad tras todo lo que amamos, estamos creyendo a medias. Y por lógica obtendremos malos resultados en todo, obtendremos experiencias que serán poco interesantes y nos rodearemos de personas que estarán en la misma frecuencia, todo esto por tener una mala actitud hacia la vida.

Tenemos que recordar, que se nos puede enseñar de todo, se nos puede tener paciencia, podemos estar por primera vez trabajando o empezando una relación amorosa, profesional o personal, y lo único que va a lograr que se nos dé la oportunidad y que podamos conseguir el mantener las puertas abiertas para lograr avanzar con nuestro objetivo es nuestra actitud. Alguien con pésima actitud de entrada ya se cerró las puertas, a mí en lo personal es lo único que me desmotiva a querer enseñar, por eso se nos dice que; ¡cuando el alumno está listo, el maestro aparece! Por qué no hay nada más frustrante que enseñarle a alguien que no tiene el deseo por aprender, y ¿cómo se ve, que no se tiene el deseo? Por la actitud.

Porque no comenzar a ver las cosas con distintos ojos, esperando encontrar cosas interesantes por descubrir, personas hermosas por conocer, habilidades nuevas por aprender, libros nuevos por leer. Cada día es una oportunidad de crecer y de hacer lo que más amamos, cada segunda cuenta, cada instante encierra la oportunidad de un milagro, de algo que nos impresione y nos deje un suspiro de felicidad. Apasionémonos por vivir con la mejor actitud posible: optimista y positiva, pronto veremos como las montañas se apartan ante nuestros ojos, verás la mano de Dios moverse ante ti y verás como todas las personas te tratan de mejor manera, te sonríen con agrado y sinceridad, las oportunidades se te presentan solas, y el amor se vuelve parte de tu vivir, esa misma actitud positiva, te llevará a lugares que nunca creíste posible conocer, es increíble todo lo que una actitud de interés puede encontrar a su paso.

Reconozcamos también que podemos estar siendo manejados por una actitud manipuladora, o nosotros mismos estar usando esta actitud con el fin de hacer que las cosas funcionen de acuerdo a las expectativas y deseos de nuestra mente, utilizando a los demás como objetos con el fin de convencerlos por medio de estrategias que los hagan sentir que son ellos los que están decidiendo el hacer algo, cuando fue la idea del otro desde un principio, aunque la persona que manipula lo haga con la mejor de las intenciones.

Lo que viene de la mano con esa actitud manipuladora es la actitud sumisa, y se reconoce por que las personas se ponen como objetos, para ser usados ya sea conscientemente o inconscientemente, y las personas escogen comportarse así por un mecanismo antiguo de supervivencia en donde se sienten protegidas por la persona que manipula, se sienten seguros de alguna manera, al no ser ellos los que llevan la presión de una decisión o responsabilidad.

Una actitud neutra, traerá momentos buenos y momentos malos, el interés será a medias por ende viviremos una vida a medias, yo en lo personal espero, merezco y quiero lo mejor de la vida, entonces yo decido poner todo de mi parte para conscientemente tener la mejor actitud posible, frente a todo en la vida, esperando siempre lo mejor.

Hay quienes tienen una actitud flexible hacia todo, lo que les permite adaptarse mejor a todo tipo de situaciones y personas, pero siempre manteniendo su identidad, por el contrario, existen personas que actúan de manera inflexible, lo que las lleva a estar en desacuerdo con personas y circunstancias, manteniéndolos en pequeños conflictos, que los pueden llevar a sufrir y no permitirse disfrutar plenamente en donde se encuentren.

También podemos encontrar personas que actúan en una manera que nos hace sentir juzgados por nuestras acciones, y que a la vez se castigan así mismas, y todo por el sistema de creencias que tienen preestablecido con respecto a la ética y moral, si algo se sale de ese parámetro, está mal y merece castigo.

Si bien nuestra actitud está determinada por las experiencias, acciones y emociones que hemos vivido en el pasado, al final de todo somos nosotros los que decidimos reaccionar de una manera distinta, que este más en sintonía con el tipo de persona en la que deseamos y esperamos convertirnos. Sé que muchas veces es muy difícil cambiar lo que está sucediendo en nuestras vidas, y mucho más difícil el alejarnos de personas, con actitudes que son pésimas, actitudes tan negativas que, al estar en su presencia, sientes como te roban energía, estos son ¡vampiros energéticos!

Es complicadísimo, pero en la medida que vamos reaccionando de una manera diferente, y no ponemos nuestro enfoque en los demás, solo en nosotros, nos encontraremos en una frecuencia tan diferente que; estas personas cambiaran o se alejaran porque tu irradias algo muy distinto y simplemente no te pueden llegar a entender, ni mucho menos sentirse cómodos al estar compartiendo en un mismo lugar.

El enfoque hacia nuestra actitud, hace que nos demos cuenta; si en verdad estamos actuando de la forma en que deberíamos hacerlo, o lo estamos haciendo en automático, por la programación que llevamos. Si es así, requiere de total concentración para estar pendientes de nosotros mismos, y sorprendernos en el acto, para conscientemente substituir una actitud por otra que aporte a nuestra vida, y que nos permita tener un cierto control, de lo que esperamos de la misma; con solamente este cambio radical, nos abrimos las puertas para una serie de posibilidades que nos brinden mejores resultados.

Si te das cuenta, todo está en nosotros, y en la medida que tengamos una mentalidad consciente de nuestra actitud en todo momento, habremos dado un paso gigantesco para una mejor vida.

CAPÍTULO 23

Una historia de Tres Partes

Primera

Hace un tiempo ya, me encontraba solo entre la arena y la espuma del mar, con mi mirada perdida en el horizonte, con lágrimas en los ojos por el dolor, y la sensación de impotencia que sentía al castigarme con el recuerdo de una relación que no debió ser, me sentía vacío y el alcohol en mí, no aliviaba mi sentir, pero me hacía sentirme valiente frente al poder del mar. Recuerdo me adentré en él y al ir esquivando olas, hubo un instante de estupidez de mi parte, en donde con un tono desafiante; dije "esto es todo lo que tienes".

Mas no sabía, que de un momento a otro todo cambiaria, aquel océano calmado y sereno pasó en un instante a otro, a mandar olas que sobrepasaban mi altura por mucho y al querer salir nadando sentí como una corriente por debajo de mi cintura me arrastraba con fuerza, me hundí por unos segundos y al salir vi el cielo completamente nublado y gris, me encontraba muy adentro del mar, no paraba de mover las manos y pies para no hundirme, no supe adonde se fue el mareo del alcohol, solo sabía que cada 6 o 7 segundos una ola nueva se formaba y tenía que hundirme un poco para esquivarla, trate de nadar hacia afuera, pero no avanzaba nada, a lo lejos pude ver

la orilla, y traté de gritar y hacer gestos con mi mano, pero era inútil, no parecía nadie percatarse de mi agonía. Llegó el momento en que ya no podía más, después de muchos minutos ya de estar luchando por mi vida, mi cuerpo entero comenzó a fallarme, no sabía que hacer ¡tenía miedo! estaba asustado y ya mi mente comenzó a contemplar la idea de mi muerte. En ese momento, solo pude pensar en mi mamá y en mis hermanos, y en cómo no me pude despedir de ellos, ¡no quería morir!, pero al mismo tiempo, comencé a pensar que era tiempo de ponerme a cuentas con Dios, antes de que ya no tuviera consciencia y fuera demasiado tarde para pedir perdón, más que sentirme culpable por algo, me sentía decepcionado, porque sentía que había desperdiciado mi vida, y que a mi corta edad, desperdicié mi tiempo. Recuerdo, miré al cielo y le dije a papá Dios "Gracias" y "perdón".

Me dejé vencer, mi cuerpo dejó de pelear, me di por vencido, mi mente quedó en blanco, no había pensamientos, no había nada, mi corazón parecía ser el único que aún se aferraba a la vida, poco a poco comencé a tragar agua, y sentí por un par de segundos la muerte, y como se apoderaba de mí; al privarme de oxígeno.

No sé de dónde saqué fuerzas, pero en mi mente solo estaba una palabra, "no puedo morir así". Comencé a patalear y a usar mis brazos para salir a flote, recobré mi fortaleza y por un instante pude ver hacia la orilla, pero mi vista se cruzó con un ángel, alguien venia nadando hacia mí, y en un instante me estaba sacando, en menos de 20 segundos ya estábamos afuera, yo todavía no podía creer lo que me había sucedido. Se aproximó uno de mis mejores amigos, me dijo "yo también me estaba ahogando", pero me lograron sacar y les dije que tú estabas todavía adentro y fueron por ti", le di las gracias a todos por salvarme la vida, vi hacia el cielo y sonreí y volteé mi vista al mar y lo miré con respeto desde ese día.

Segunda

Hace menos de un año, mi linda amiga, quien fue la que me invitó a meditar por primera vez, se me acercó y después de saludarme con amor y con ese corazón maravilloso que posee, me dijo: tuve un sueño contigo, fue tan real y sé que tarde o temprano lo lograrás comprender, me dijo:

En mi sueño había muchísimas personas que estaban cerca del mar y tú y yo estábamos con esa multitud, ellos todos de blanco y con la ilusión de haber encontrado lo que buscaban, yo estaba más cerca del mar y de pronto vi como del mismo salía una figura como de hombre pero todo su cuerpo estaba formado del agua del mar, en mi corazón sentí que era Dios caminando hacia mí, en medio de las manos traía una perla tan bonita como única, me la entregó y me dio instrucciones precisas para que te la entregara a ti. "Que tú entenderías".

Se despidió mi amiga de mí, con un fuerte abrazo nos dijimos hasta la próxima, con una mirada, nuestros ojos fueron cómplices del profundo respeto, admiración y amor que tenemos el uno por el otro. Pasé mucho tiempo pensando en el significado de aquel sueño, que mi amiga me había contado, pero por más que traté, la respuesta no llegaba.

Tercera

Y la respuesta, se me esquivaba, sentía como si Dios deseaba decirme algo, pero a la vez quería que trabajara para saberlo, los días pasaban y nada hasta que una tarde ya casi noche, me pude conectar con Dios a través de una meditación. Comencé el proceso de respiración requerido para llegar a un nivel profundo de tranquilidad en donde, poquito a poco me fui conectando a la fuente. Cuando estoy en ese estado todo fluye de una manera diferente para mí, es como si tuviera acceso a toda la información que necesito, Una de las respuestas que cambió y que marcó un antes y un después en mi manera de actuar fue sin duda esa respuesta a el sueño de mi amiga, esa misma respuesta que buscaba saber desde aquella conversación. Me llegó como un rayo de luz que me iluminó y todo cobró sentido.

"Tú Eres La Perla Que Saqué Del Mar"

Por mucho tiempo se me había olvidado, que aún tenía aliento de vida, gracias a que fui rescatado del mar, gracias a Dios que no permitió que me ahogara, fue gracias a Dios que la ayuda llegó aquel día, es que gracias a Él todavía tenía una oportunidad de hacer todo lo que amaba, increíble que hubiese olvidado ese momento, pero fue así, estaba muy joven para entender, estaba muy inmaduro para reconocer que fue Dios, a través de alguien más, que me sacó del mar. Nunca me habían dicho algo tan hermoso y que encerrara tanto en una sola oración. Oración que me hace sentir lo especial que soy para Dios y la manera en que me compara con una perla, no solo por lo hermoso de la joya, también porque la perla; tiene su origen

de una palabra persa "murwari" que significa: "hija de la luz" símbolo de pureza, fe y esperanza para mí.

Al entender que me sacó del mar, reconozco que mi vida tiene un significado especial, que se me dio una nueva oportunidad y que desde ese preciso momento se me permitió vivir para hacer lo que en realidad amo, para cuando me toque decir adiós algún día, tener la certeza de que esta vez sí aproveché mi tiempo, que hice todo lo que me llenó de felicidad, que amé de verdad, que hice la diferencia en la vida de las personas que estuvieron a mi lado, que cada día, superé todo obstáculo que pudo impedir que lograra mis sueños, ahora entiendo que, solo se trata de trabajar en mí, y que está en mí mismo, la posibilidad de tener una vida que sea digna de ser recordada.

Y uno de esos sueños, para mí siempre fue la idea de escribir un libro, hoy gracias a Dios, eres parte de esa visión echa una realidad. Escribir un libro con la intención de poder compartir con todo aquel que tenga sed por un mundo mejor. Al escribirlo me di cuenta que encontré una manera más profunda de recordar, de poner en orden mis pensamientos, de tener la oportunidad de hablar sobre mis experiencias, de brindar un rayo de luz, a una mente confundida e inconsciente a través de la palabra escrita.

Encontré la posibilidad de poder aconsejar y tener una conversación con mis hijos para siempre, que, aunque físicamente no pueda estar presente, llevarán en este libro lo mejor de mí, la esencia de lo que soy. Espero en Dios, tener la posibilidad de seguir viviendo, en mi ser tengo la ilusión de hacer muchísimas más cosas, pero decido vivir desde el ahora, un día a la vez, planear para el mañana, pero nada más como un punto de referencia, mi vida le pertenece a Dios, y por decisión mía navego con él cómo el capitán de mi barco. Sin miedo, porque él tiene el control de todo, pero sí con la ilusión de lo que puede ser y con la fe de que así será.

CAPÍTULO 24

Con El Miedo De La Mano

El miedo puede ser un maestro muy importante si lo aprendemos a ver por lo que realmente es. Desde miles de años atrás, el ser humano se ha enfrentado a todo tipo de peligros, la tierra era un lugar hostil y peligroso, en donde se podía perder la vida en cualquier momento, por cualquier razón. Era muy importante estar bien pendientes de nuestro entorno en todo momento.

El miedo era necesario, era el miedo el que nos mantenía en cautela a lo desconocido, y era ese freno necesario, que impedía que nos confiáramos de cualquier situación, en donde pudiese estar nuestra vida en peligro. Ese cerebro, cauteloso, prehistórico, aún está con nosotros y sigue desempeñando su trabajo, para el cual fue creado de maravilla. Y se manifiesta por ese miedo que te paraliza al estar experimentando algo nuevo, diferente a lo que está acostumbrado. No te enojes contigo, por esos nervios, por esa sensación de parálisis, por esa sudoración incontrolable, por ese temblor en tu cuerpo, todo esto son señales que tu cerebro, manda a tu cuerpo para comunicarse contigo, buscando hacerte desistir en tu intento por conocer cosas nuevas y diferentes.

¡A menos que estemos en una situación de peligro realmente! Es nuestro deber, exponernos a eso que le estamos teniendo miedo, para que nuestro cerebro entienda que no hay un peligro real, que estamos seguros y que ese es el camino, que queremos atravesar.

Dejémosle saber que estaremos bien, y todo estará bien en esa ocasión en donde necesitas hablar en público y expresar tus pensamientos. Cuando ocupas hablarle a esa persona especial, pero te congelas completamente al dar el primer paso. A mí me pasó, cuando tenía 9 añitos y quise invitar a bailar a una chica de 14, años, lo pensé tanto, por muchos días, trataba y trataba, pero cada vez que tenía una pequeña oportunidad para hablarle, me quedaba paralizado y no encontraba las palabras, hasta que un día agarreé al miedo de la mano, y le pregunté: ¿te gustaría ir al baile de la escuela conmigo? Solo sonrió, me dijo: "Hay que tierno, lo siento tengo novio".

En parte ya me esperaba esa respuesta, pero me sentí orgulloso que tuve el valor de enfrentarme al miedo y ganarle por fin. Sin saberlo, es ahí donde comencé a desafiar a uno de los mejores maestros que he tenido.

El miedo es esa sensación en tu estómago, momentos antes de estar en una situación que te saca de tu zona de comodidad, pero exactamente, en ese momento que se hace presente, en ese preciso momento en que te das cuenta que lo que vas a hacer es tu límite, y que tienes la oportunidad de sobre pasarlo y prepararte para un nuevo reto.

El miedo desaparece una vez que lo enfrentas, cuando tú te expones a eso que le tienes miedo, el desiste y sede porque tu mente le hace saber que no hay ningún peligro real. Por mucho tiempo le tuve un pánico a expresarme enfrente de muchas personas, de por si con una persona ya me costaba, sentía que las piernas me temblaban al pensar siquiera que me tocaría exponer enfrente de una clase, venían todo tipo de pensamientos que alimentaban más mi temor.

Era horrible, hasta que tuve la oportunidad de hacerlo y fue en ese momento que "continúe teniendo miedo", pero el miedo ya no me paralizaría nunca más, tomé la decisión consciente desde ese día, que cada vez que sintiera miedo lo tomaría como una señal de crecimiento y prosperidad, y que la recompensa llegaría a mi vida después de ese acto de valor.

Muchas veces el miedo es por causa de traumas del pasado, yo tenía un problema muy serio para comunicarme, y expresar mis sentimientos, llegué incluso a tener problemas con mi habla, tartamudeaba en momentos de tensión.

Fue después de una meditación que tuve una regresión en mi mente y me remonté a la edad de 6 añitos en donde, mi mamá sin ninguna mala intención, me puso un pijama blanco con franjas rosadas que era de mi hermana, y la modificó para que pareciera un zorrito, para una obra de teatro de la escuela, recuerdo al nada más entrar a la escuela, todos los niños me señalaban y se burlaban de mí. Por fin me llevaron al escenario, enfrente de toda la escuela; me tocaba decir mi línea. Me quedé en pausa, sabía lo que tenía que decir, pero me quedé sin palabras, nada más viendo la expresión de todos. Por fin hablé "el cielo se está cayendo" y retrocedí, desde ese día ya no volví a ser el mismo. Ese recuerdo lo tenía guardado y lo pude sanar al volver a enfrentarlo. Y ese problema de habla y de comunicación desapareció por completo. Ahora hasta me animo a cantar en karaoke, "¿te imaginas?"

Es increíble lo que la valentía, pueden hacer con nuestras vidas. Cuando tengas una situación que enfrentar, solo se valiente por 20 segundos, no lo pienses, solo has lo que tengas que hacer y después de esos segundos tu cerebro se dará cuenta de que no hay peligro y cesará con su empeño de hacerte sentir miedo. Y si aún lo sientes será en menor medida, controlable.

"Esfuérzate y se valiente, nos dice el Señor".

CAPÍTULO 25

Nuestro Enemigo

La batalla se pelea en el lugar menos esperado, dentro de nuestra mente. Es el campo en donde día a día avanzamos o retrocedemos, donde podemos conquistar o salir vencidos.

El enemigo no está afuera, está adentro y es nuestra misión no permitirle que se apodere de nosotros. Es muy sutil y astuto, genera dramas y toda clase de conflictos para desviar nuestra atención de lo verdaderamente importante: ¡El convertirnos en nuestra mejor versión!, nos confunde constantemente al sembrar todo tipo de cizaña.

Nuestro ego, es el responsable de tanto sufrimiento, de tanto conflicto y tantas oportunidades perdidas, nos hace creer que estamos bien, y que el problema son las demás personas. Y es así como entre todos nos atacamos, viendo lo malo en los demás y nunca en nosotros, cuando en realidad los demás son espejo de nosotros mismos, mostrándonos lo que debemos trabajar en nosotros. Se dice que, si te molesta algo en alguien, ponle atención, es más que seguro que tú tienes el mismo problema que solucionar, cuando admiras algo de alguien, reconoces una cualidad en ti y esto hace que sientas muy bien al estar en presencia de dicha persona.

Doblar rodillas, es la mejor manera de alejar al ego de ti. El ego no soporta sentir que está en una posición tan noble, porque es altivo y orgulloso, y su vanidad es incapaz de según él, reducirse a menos. Y no es que Dios necesite que lo veneres de esa manera, lo que conseguimos es aquietar cualquier voz interna que nos impida estar en una verdadera comunión con él. Es necesario para ponernos en un estado de aprendizaje, y humildemente recibir, algún mensaje, algún consejo o simplemente el estar en una posición más favorable para aceptar el ser corregido.

El ego siempre busca tener la razón en todo. Y se aferra a ello, no le importa el hacer lo más desagradable e impensable con salir ganador. Al contrario, nuestra verdadera naturaleza, lo que busca es estar en paz siempre, busca elevar el nivel de conciencia y busca nuestra felicidad, no se interesa por ver quien tiene la razón. Nada más fluye, vive, aprende, crece, se adapta, se modifica, renace, y continua. Siempre existiendo en un estado continuo de transformación.

El ego nos reduce a simples mortales, cuando en realidad lo que somos va mucho más allá de cualquier engaño o espejismo, somos muchísimo más de lo que te puedas imaginar, solamente lo hemos olvidado, pero es tiempo de que comencemos a creer y nos demos cuenta que no tenemos límites.

El ego te hace creer que tienes que demostrar que eres el mejor para valer como persona, te tiene en una guerra constante, que no te deja experimentar lo hermoso de vivir, por pelear con las personas a tu alrededor y lo que te rodea. No tienes que demostrar absolutamente nada, ya eres mejor solo con saber que eres hijo de Dios, y lo que te tiene que interesar es buscar y hacer lo que te haga feliz.

Entre más te controle el ego, más distante de la realidad estás, entre menos te controle más cerca de la verdad te encuentras y de lo que es importante. Claro que hay muchas diferencias en el grado de control entre una persona y la siguiente.

Lo bueno es que nuestros sentimientos son el termostato que nos indica, si nuestra manera de actuar es la correcta o no, y trata por naturaleza de llevarnos a un estado de equilibrio, y es ahí que el conflicto interno se crea, entre lo que debemos hacer y todo tipo de pensamientos que te dicen, no te rebajes, ¡tú eres mucho para reconocer que te equivocaste! ¡que se disculpe la otra persona!, ¿tú por qué?

Y esta batalla puede durar toda la vida, incluso hay personas que cargan con enojos desde que fueron jóvenes y que recuerdan como si fuese sido ayer, 60 años más tarde, enojos por cosas tan triviales como el no haber sido invitadas a una boda, o por no haberlos saludado de la manera correcta. ¡No cargues nada!

Lo primero, para buscar la solución a algo es reconocer que existe un problema, aunque sea poco. Entre más rápido te des cuenta que lo único que tienes que hacer es reconocer que existe el ego en ti. Existe en todos, es como tu sombra, entre más luz des más posibilidades tienes de crecer. ¿Has visto la sombra como es capaz de crear todo tipo de formas y figuras cuando es generada por la luz? Así mismo, el ego te crea todo tipo de ilusiones y espejismos para controlar tu mente y tu sentir. Ver cómo te controla y ver como se activa, que lo hace reaccionar y detonar. Estudiarlo bien, para encontrar todo tipo de herramientas para impedirle que se salga de control.

El ego siempre va a existir, anda pendiente para arruinarte la vida en un minuto, el secreto es soltar la confrontación y verlo como a un aliado. Cada vez que se haga presente en ti, conoce el porqué de su aparición, y entre más lo estudies, más puedes usarlo a tu favor para mejorar y superar obstáculos.

Todo esto te llevará a entender que, todos los seres humanos están librando una batalla con sus egos, además de todo tipo de otras batallas. Se consciente de esto para que puedas tener compasión por los demás. Hay quienes no la están viendo nada fácil.

Lo importante ahora es que trabajes en ti y que te autoanalices para ver que tanto control tiene el ego sobre ti ¡retomar el control de tu ser auténtico es tu principal prioridad!, tienes que tener un punto de referencia para saber desde donde estás partiendo, y después de un tiempo te vuelves a autoanalizar para ver cuanto has avanzado. Y te darás cuenta también, que tu calidad de vida será mejor en todos los aspectos, porque está directamente relacionada con tu ego, entre más control sobre el ego, mejor calidad de vida.

El ego siempre necesita de reconocimiento para existir, hay muchas personas que tienen un corazón maravilloso, han hecho todo bien, han soltado todo el que les estorbaba para estar en gracia con Dios, han dedicado sus vidas a ayudar a otros y lo han hecho todo de corazón, están llenos de cualidades que los hacen grandes líderes, excelentes personas, y maravillosos seres humanos, pero encuentran el último obstáculo en sus caminos: "EL EGO ESPIRITUAL".

Es cuando se olvida que todo viene de Dios y es gracias a él que podemos hacer lo que amamos. Todo comienza, cuando la gente a la que ayudamos, nos reconoce a nosotros la ayuda, y nos da regalos, y el trato hacia nuestra persona comienza a ser muy especial y diferente, entonces al sentir este amor y cariño, se nos olvidada enseñarles que las gracias y el afecto son muy bien recibidos pero que le pertenecen en realidad a Dios, nosotros solo somos instrumentos para una causa más grande que nosotros, es muy fácil el confundirnos, la línea entre una cosa y la otra es muy delgadita.

Recordemos lo que le pasó a el ángel amado de Dios. Es tanto a veces el grado de apego que vamos desarrollando al sentirnos incluso venerados, sintiendo que somos más que los demás, y que sin nosotros no se podría hacer nada. Y no es que no seamos importantes para todo lo que se necesita hacer, sí lo somos, somos piezas super importantes, somos reyes y reinas; pero, nos hemos equivocado, entre más grandes lleguemos a ser, más tenemos que estar al servicio de los demás, el grado de humildad debe de ser mayor, porque al estar en lo más alto puedes ver con más claridad y entender las razones del porqué muchas personas no pueden salir de donde se encuentran, razones que les impiden ser lo que están destinadas a ser, esto te da a ti una perspectiva más elevada, y no puedes sentir otra cosa más que profunda compasión.

¿Qué hicimos mal, que ahora necesitamos demostrar que no somos malos?
¿En qué decimos que somos los mejores, que ahora tenemos que serlo incluso a costa de nuestra felicidad?
¿Qué soltamos que ahora ya tenemos miedo a soltar?
¿Qué dejamos ir, que ahora ya no encontramos por ningún lado?
¿No vale más nuestra felicidad, que el simple hecho de tener la razón?
¿No es más el amor, que buscar solamente compañía?
¿No es más la paz, qué vivir inquietos por el murmullo de las palabras sin sentido?
¿No es más la vida de un ser, que el tener un sin fín de cosas sin alma?
¿No es más el alma, que todo lo que estás cargando, que todo el apego, que todo el ego, que todos los miedos, que todos los problemas del mundo?
Y ¿No vales más tú, al poseer todas las cosas más hermosas que puedan existir en ti?

Cada neurona es como el universo, en cada célula está la energía para crear vida, en tu ADN está toda la historia del mundo desde el principio, en tu cerebro está la computadora jamás creada, imposible de imitar e igualar, conectada a un cuerpo capaz de sentir, todo un arcoíris de emociones, sensaciones, texturas, colores, aromas, sabores, un cuerpo diseñado para experimentar vida en abundancia con total plenitud, con profundo sentido y significado y capaz de reproducirse a sí mismo tantas veces como sea posible. No hay nada comparado con nosotros, absolutamente nada, y en lugar de centrarnos en toda la plenitud de nuestro ser, en contemplar la creación de nuestro creador y darle las gracias con cada átomo, con cada célula, con cada aliento de vida, negamos su existencia y damos poder a todo lo que no pertenece a nosotros, a todo lo malo, a todo lo perverso, a todo lo que destruye, el pecado que mora en nosotros y todo esto malo vive en nosotros, porque nosotros le hemos permitido un lugar para estar. NO ES PARTE DE NOSOTROS, solo lo hemos estado manteniendo con vida, porque no sabíamos que todo lo malo que vive en nosotros es como un huésped no deseado. ¿Hasta cuándo estará como plaga, adueñándose de un lugar donde no se le necesita, un lugar que no le quiere, un lugar que está harto de su maldad y de todo lo desagradable que representa? "ESTARÁ HASTA QUE NOSOTROS LO PERMITAMOS".

YA BASTA DE AGUANTAR ESTE MALTRATO.

CAPÍTULO 26

Nuestra Verdadera Naturaleza

¿Quiénes somos? No somos nuestra mente, ni los pensamientos que llevamos dentro, no somos nuestro nombre, tampoco nuestro cuerpo, no nuestra nacionalidad, no nuestra manera de ser, ni de expresarnos, no somos nuestro pasado, ni nuestra historia, no somos lo que tenemos, o lo que poseemos, no somos nuestra profesión, no somos nuestros talentos o destrezas, no somos nuestro apellido, o linaje, no somos nuestra mente, ni toda su lógica, entonces: ¿Qué somos?

Somos almas, espíritu en esencia, somos seres de luz, diseñados para hacer el bien en todo, porque es lo bueno lo que nos hace sentir bien, si fuera lo malo lo que nos hiciera sentir bien, esa sería nuestra naturaleza, pero no es así, toda persona por muy mala que sea y por tanta maldad que haga, en un momento de conciencia volverá a su verdadera naturaleza y se dará cuenta de todo lo malo que ha hecho, ¡de todo! Y sentirá remordimiento, aunque sea por un momento. Estamos en una sociedad castigadora y se nos olvidó que estos seres que hacen daño, alguna vez fueron niños que vinieron a un mundo; en el cual, no tuvieron la fortuna de contar con los recursos necesarios para crecer bien, se encontraron con un sin fin de problemas, traumas, abusos y situaciones que los obligaron a ser distintos, se encontraron con un mundo hostil en donde; no son aceptados por todo en lo que se han convertido. Pero ellos no son lo malo que han hecho, ellos no son lo bueno que pudieron ser. Tal vez esa generación ya no tenga una solución, porque la maldad está tan penetrada que su naturaleza se rehúsa a habitar un mundo en un estado así. Como si supieran que es mejor la muerte o el confinamiento, a la posibilidad de dañar a alguien más.

Recuerdo de joven escuchaba conversaciones de adultos que decían que los pandilleros de ese tiempo, antes de hacer daño, se aseguraban que las víctimas no fuesen cristianos o personas mayores, o mucho menos niños; tenían un código que respetaban y sabían que incluso la maldad tenía un límite y no podrían vivir en paz si lo sobrepasaban.

Hacer mal al que te hace mal, es como el ojo por ojo, pero con eso le damos continuidad a lo malo. Por eso el maestro Jesús nos vino a ayudar a comprender un mejor camino, en donde se trabaja poniendo un fin a lo malo desde la raíz, si alguien te hace daño, actúas en una forma más de acuerdo a tu naturaleza, con amor y compasión, obrando bien a la persona que te está haciendo un mal, con obrar bien, es muy sencillo, y es como decirle que le perdonas y esperas que le vaya bien en la vida; pero, a la misma vez, dejando ver que no estás dispuesto a tolerar un trato así, estará en las manos de la persona el reaccionar, pero le dejaste ver la clase de persona que eres tú, es como que si le dieras una muestra de tu ser y lo que llevas dentro, para que piense: "Si yo lo he tratado mal y aun así me trato de una forma maravillosa, me encantaría ver su mejor versión". Llevas la carga por 2 millas, en lugar de una, como fuiste obligado. Lo que veo es demostrar que estando con Dios puedes más de lo que una persona normal podría soportar. Como, por ejemplo, diciendo "eso no es nada", estarás dando un golpe en el ego grandísimo a quien quiera aprovecharse de ti, dando a entender que con Dios a tu lado no hay nada que te detenga. Lo importante es tener carácter y dejar saber que no serás pisoteado, que tu naturaleza es como el agua: suave, abundante, tranquila, refrescante, pero a la vez poderosa e imponente.

El ser bueno y tranquilo, no te hace débil y tonto, no se trata de dejar que alguien te humille, no se trata de dejar que alguien abuse de ti, no se trata de dejar que la injustica prevalezca, que te resignes a un mundo en donde no tienes voz, un mundo en donde tus hijos no tienen un futuro, que valga el esfuerzo por vivir. No se trata de pelear, se trata de brillar más y demostrarle a todos los que se crucen en tu caminar, la diferencia de cómo se deben hacer las cosas, invitarlos sin palabras, motivarlos con tus hechos, que vean en ti una fuente de inspiración, un modelo a seguir. Es por eso que, al expandir tu luz, alumbras la vida de todos a tu alrededor, y no hay oscuridad o sombra que se puedan esconder, simplemente no soportan tu brillo y terminan por desaparecer. Solo recuerda que el brillo real viene acompañado de la ausencia de ego, de lo contrario, tu brillar generaría envidia y confrontación, cada acción tuya vendría con una idea de provocación, es como si estuvieras diciendo: "Este año, seré la mejor versión de mí, aunque les duela". Desde el comienzo estás abriendo la puerta a una energía negativa, no necesitas demostrar nada, ni decir tus planes, ni mencionar lo bendecido que estás, cuando eres, eres. No ocupas hacer alarde, simplemente eres y ya.

El camino de un guerrero de Dios es tan fácil como soltar y tan difícil como cuando te aferras a algo con todas tus fuerzas, depende única y exclusivamente de ti el cuanto avances, o cuanto quieras estar en el mismo lugar, no hay prisa, la carga la llevas tú, tu sabrás si pesa lo suficiente para una transformación, el ritmo tú lo impones, es tan lento o rápido, como tú decidas. Y tardará lo que sea necesario que tarde. Cada proceso es diferente. ¡Cada amanecer es maravilloso! y sería un placer el presenciar como la penumbra de la noche de esta humanidad da paso a la mañana del despertar de conciencia que nos da la entrada a la quinta dimensión. Un cambio que hemos esperado por tanto tiempo, en donde se requiere valentía, para las cosas que son necesarias que acontezcan, pero que son parte de un ciclo que se debe cumplir.

CAPÍTULO 27

Sanemos el Pasado

Como comenzar para todos es diferente, se trata más de reconocer en donde nos encontramos y partir desde ese punto, porque el trabajo de sanación es cíclico, refiriéndome a que no importa en donde empieces, volverás al mismo sitio, tarde o temprano regresarás a trabajar lo que anteriormente se trabajó, pero a un nivel más profundo.

Al sanar el pasado, sanamos el presente.

A continuación, nos toca hacer algo que ya hicimos en parte en un capítulo anterior, es una segunda oportunidad para trabajar más profundamente lo que llevamos por dentro que nos está afectando. Pero esta vez lo haremos con más determinación para darle un giro a nuestra vida en el presente, y para de una vez por todas, dejar atrás todo lo que nos pueda estorbar para lograr nuestros sueños. Una situación a la vez. Puedes regresar a este capítulo cada vez que decidas hacerlo, cada vez tratando de hacerlo con más determinación.

Nada más enfócate en este pensamiento:
"Mi sanación depende de mí"

Eso es todo lo que se necesitó comprender, no depende de nadie más, "solo depende de mí".

Si lo piensas bien, es incluso liberador, no dependes de nadie, no tienes que esperar, no tienes que ponerte en segundo lugar, al estar completamente enfocado en ti y tu sanación, será más rápido, más efectivo, más digno, porque aunque tengamos una persona que nos ayude, parte de nosotros nunca querrá que esta persona se entere completamente de la verdad, por miedo a sentirnos juzgados, por vergüenza, porque desde ese momento la perspectiva que se tiene de nosotros cambiará, porque solo nosotros podemos entender nuestra verdad, muchas veces, ni siquiera encontramos las palabras para explicar lo sucedido; tanto que, nos sucede algo y para los demás ahora resulta que somos los culpables. ¿Te ha pasado?
A mí, ¡muchísimas veces!

En este ejercicio, sanaremos episodios de nuestro pasado. Cambiaremos el pasado y la energía que tengamos atrapada en él y eso hará que nuestro presente se sienta distinto.

Consiste en viajar a un episodio en donde sientas que de alguna manera pudo ser distinto, ya sea porque no te gustó el resultado, o porque si te marcó la vida, comienza primero con lo sencillo e irás incrementando el grado de seriedad de lo que deseas sanar.

1. *Revive esa memoria en tu mente, tráela al presente, trata de recordar exactamente todo los detalles y las personas involucradas.*

2. Ahora es muy importante que experimentes de nuevo el dolor, la frustración, el enojo, la vergüenza, la culpa; cualquier emoción quiero que te enfoques en que está pasando en este preciso momento.

3. Ya que tienes esa emoción, exprésala intensamente, piensa que es un galón de líquido el que tienes que liberar, líquido tóxico que ha estado enfermando tu cuerpo, ese líquido puede tener el siguiente nombre; odio, culpa, tristeza, indiferencia, envidia, celos, amargura, resentimiento. Reconoce lo que estás sintiendo y no lo sueltes, en el caso del odio, míralo bien. Es como si una serpiente estuviera enrollada a tu estómago y le estuviera inyectando veneno. Entre más lo veas y lo reconozcas, te darás cuenta que se estaba escondiendo, y alimentando de ti; y al no expresarlo, solo se hace más y más fuerte.

Una estrategia, que usa el ego para que no te sanes es el pintarte las cosas como mala; por ejemplo, siempre se me dijo que no podía decir: "te odio", eso no se decía, solo una persona de mal corazón podría decir una palabra así; pero al fin de cuentas, es una emoción, como el amor, solo que en polaridad opuesta, que ocupa ser expresada, si no se hace de esa manera se acumula y es cuando estamos completamente llenos de odio, cuando explotamos por cualquier motivo, simplemente nunca descargamos esa sustancia y se llega al punto que una gotita colma el vaso. Si esa es la emoción que estás experimentando, exprésala, repítela, menciona a la persona causante y dile "¡Te odio, te odio, te odio!", hasta que sientas que no es necesario repetirlo más.

Si la emoción es de culpa, repite que lo sientes: "¡Lo siento, lo siento, lo siento!", hasta que ya no sientas que es necesario.

Igual con el perdón, "¡perdóname, perdóname, perdóname!", hasta que ya no lo sientas necesario. Y así con cada una de las emociones atrapadas en cada acontecimiento que desees sanar.

4. *Para darle un giro positivo, solo necesitas ver lo sucedido y experimentarlo en tercera persona; has de cuenta que estás viendo una película y enfócate en la acción, te aseguro que al hacerlo correctamente, notarás detalles diferentes, te darás cuenta que muchas de las cosas no fueron tan graves como tú pensabas.*

5. *Pregúntate ¿Para qué me sucedió esto? ¿Con qué fin?*

Esto es muy importante para no repetir el mismo patrón en el presente. Nos ayuda a entender, como es que nos metimos en ese problema o en esa situación, y nos ayuda a reconocer el mensaje, la lección a aprender, el conocimiento necesario para avanzar en la vida. Nos ayuda a apoyar a otros, para que no pasen lo mismo, ¡si lo deciden!

6. *Ahora quedó un vacío en nosotros, al sacar todo químico tóxico de nuestro cuerpo, no te asustes si vas al baño y ves o sientes que algo putrefacto ha salido de tu cuerpo, ya sea por hacer del baño, por vómito, por sudor, gases, eructos. El punto aquí es: "remplazar eso por un sentimiento de agradecimiento, a Dios, a ti mismo, a la vida o a las personas que te llevaron a buscar esa sanación". Recuerda que el fuego nos purifica, y sin lugar a dudas acabas de atravesar un infierno, que te estaba consumiendo lentamente día a día.*

Al haber realizado este ejercicio correctamente tendrás como resultado, una liberación absoluta sobre esa memoria, podrás recordar sin sentir una emoción negativa, verás como tu salud mejora de pronto, al encontrarte con esas personas que fueron parte de esos momentos difíciles, no sentirás lo mismo que sentías, es mas no sentirás nada, y estarás abierto a la posibilidad de sentir compasión por ti y por ellas, empatía y amabilidad se harán presentes, así como un sin fín de emociones positivas en todas las áreas de tu vida.

De pronto todo se ve mejor y se siente mejor.

Los alimentos te sientan bien y los disfrutas más.

El amor que compartes con tus seres amados es más intenso y genuino.

Y por sobre todo, te sentirás en paz y listo para enfocarte en tus sueños y metas.

CAPÍTULO 28

Orad Sin Cesar

Usa afirmaciones a diario de eso que quieres que sea manifestado en tu vida. Nuestro cerebro funciona como una computadora bien calibrada y sofisticada, también encierra muchos misterios por revelar, uno de esos misterios es "el subconsciente".

Y una de las cualidades que tiene el subconsciente es hacer que muchas de las actividades, pensamientos, respuestas, maneras de actuar, maneras de expresarnos, comportamientos, la forma en que vemos la vida, todo esto, lo hagamos en automático. Sin saberlo, durante los años que llevamos con vida, en especial los primeros 7 añitos, cuando somos más vulnerables, nos hemos ido programando. El subconsciente está a nuestro favor, actúa de la forma en que cree que nosotros queremos que lo haga.

Entonces está en nosotros enseñarle que es lo que realmente queremos, que tipo de vida queremos manifestar, que clase de persona deseamos ser.

¿Y cómo lo educamos? y ¿Cómo sembramos en él una nueva programación? ¿Algo que esté más de acuerdo, con una realidad que nos haga vivir en

paz, felices, prósperos y llenos de amor? La única manera es a través de la repetición constante y consciente.

Cuando no sabes algo, estabas inconsciente que no lo sabías. "Desconocías el tema". Cuando sabes del tema, estas consciente que no sabes nada sobre ello. Decides aprender, ahora que ya sabes eres consciente que ya sabes, pero ocupas estar consciente todo el tiempo para realizar lo aprendido.

Ahora bien, como necesitas seguir aprendiendo más y más, no puedes estar consciente todo el tiempo en todas las actividades que realizas, sería muy desgastante. Entonces tu cerebro, reconoce un patrón en tu manera de actuar sobre lo que ya has aprendido, ya estudió tu manera de reaccionar, de hacer las cosas, sabe lo que tus harías en dicha situación, decide facilitarte el trabajo y le manda toda esta información a el subconsciente, con instrucciones precisas de cómo debe de hacer las cosas, el subconsciente no distingue si es bueno o malo, "solo obedece".

Entonces en este punto eres inconsciente de que sabes, y todo pasa a piloto automático, nuestra mente es tan eficiente, que evita que gastes energía tomando decisiones de más, decide por ti, con la programación que ya tienes establecida. En palabras diferentes, "automatización de procesos".

No sé tú, pero cuando estaba aprendiendo a manejar, estaba pendiente de todo, que mis espejos, que el semáforo, que la posición de mis manos, la posición de mis pies, de mi cuerpo, los carros, la velocidad, era estresante al principio. Ahora hay momentos que solo recuerdo subir al carro y llegar a mi destino, no recuerdo casi nada de todos los pequeños detalles en mi viaje, solo llegué. "Maneje en automático".

Otro ejemplo es cuando alguien te pregunta: "¿cómo estás?", inconscientemente siempre responderás de la misma manera: "Bien", a menos que sea un día diferente en el que sucedió algo fuera de lo común, responderás de alguna otra manera:" Súper bien, bendecido, mal, muy mal, etc".

Recuerda, todo lo que repites de forma constante tarde o temprano se manifestara en tu vida, porque lo que estás haciendo es orando sin cesar, "sin saberlo", muchas veces de forma incorrecta atrayendo lo que no quieres. Recuerda, el subconsciente no sabe de "si" o de "no", solo se enfoca en el mensaje en el que te enfocas y en la energía ya sea positiva o negativa que le acompaña.

Entonces al entender esto correctamente, nuestra misión es estar conscientes por un periodo de 40 días, por cada nueva programación que deseemos actualizar en nuestro subconsciente.

Si siempre respondías: "bien", ahora cada vez que te pregunten ¿cómo estás?, responde:" Increíblemente bien, de maravilla, super bendecido".

Y no solo responderás de mejor manera, porque ahora ocurre algo más impactante, tus días comienzan a desarrollarse de la manera en que tú vas cambiando la programación, ¡de pronto tus días son súper bendecidos!

Ora sin cesar, con los ojos cerrados, abiertos, mientas trabajas, mientras comes, mientas te duchas, usa afirmaciones que te hagan sentir bien, para sembrar en tu subconsciente, lo que deseas ver manifestado en tu vida.
Ora sin cesar de forma consciente y correcta.
Usando afirmaciones que te hagan sentir y vibrar de una mejor manera.

Te comparto unos pensamientos que vibran conmigo:
Hoy es un día maravilloso.
Hoy es un día bendecido.
La bendición de Dios está conmigo en todo momento.
Soy feliz y próspero.
Estoy lleno de amor, salud y felicidad.
Todo lo que toco lo prospero.
Estoy siempre rodeado de gente maravillosa.
Vivo el cielo aquí en la tierra.
Todo lo puedo en Cristo, que me fortalece.
Soy hijo de Dios, y su bendición está conmigo.
Suelto y confió en Dios.
Merezco amor, paz y felicidad.
Estoy bendecido, para bendecir.
Mi propósito es ser feliz y amado.
Soy próspero y abundante.
Gracias Dios por mi salud, por mi cuerpo, por el mundo en el que vivo.
Te alabo Padre por mi Vida y por la oportunidad de poder servir y ayudar a mis hermanos.

Estoy en paz, vivo feliz y agradecido "Amen".

"Así conforme a mi palabra y tu voluntad amado Padre sea hecho".

CAPÍTULO 29

Siempre Saludables

Es posible alejar a la enfermedad de nuestras vidas por periodos largos de tiempo, regularmente cuando una persona es enfermiza, es decir se enferma constantemente, es una manera en la que el cuerpo que es muy sabio, se comunica y te está dejando saber, que hay una emoción que necesitas trabajar, que necesitas atender, nuestra naturaleza es salud en abundancia.

Lo siguiente, son ejemplos de personas que amo y que he podido discernir en el porqué de sus síntomas. Cada persona, puede presentar mismos síntomas, pero las raíces del problema pueden ser diferentes.

Cuando falla la vista, es por algo que no estás viendo, algo a lo que te aferras a ver de la manera en que tú quieres que sea y no de la manera en que en verdad es. "Así de claro es el cuerpo".

¿Tienes problemas con tu respiración? La nariz está enfrente del cuerpo y no la vemos, ¿talvez tienes muchísimas bendiciones en la vida y eres incapaz de verlas? Estás tan atado a tu forma de pensar que una bendición si no es a tu manera no es bendición.

¿Tienes problemas con el estómago? por lo general esto está asociado con enojo, resentimiento, rencor, odio, cuando te liberas de eso, "sanas".

La culpa afecta directamente a el corazón. Lo sé perfectamente, a mi corta edad llegó un momento en que pensé que mi corazón ya no latiría. El dolor en el pecho era constante, me perdoné y solté la culpa y todos los síntomas se fueron inmediatamente.

Cuando hay ausencia de amor, la piel se reseca, se marchita, el amor es necesario en nuestras vidas, sin amor, aunque tenga todo en el mundo, nada soy. Dios es Amor, y todo lo que proviene del amor, nutre, restaura, edifica, prospera, llena, renueva, revive, la vida cobra un significado mágico y especial.

Todo tipo de adicciones esconden un tipo de vacío que queremos llenar inconscientemente, por ausencia de amor, soledad o tristeza, nos refugiamos en ellas pensando que la falsa ilusión de felicidad nos dará lo que buscamos, pero nada más nos dejan en un estado peor, con un sentimiento que nos hace sentir que no valemos nada.

Problemas con los pulmones, es un miedo profundo o gran desconfianza hacia el vivir, el respirar es vida, y nuestra respiración es la que se ve afectada por los pulmones, una experiencia del pasado, algo que nos hicieron y es muy difícil volver a confiar y querer vivir con la misma alegría que antes.

Alzheimer tiene su origen en la negación de la realidad, simplemente el dolor es muy fuerte, ya sea por culpa o por tristeza de algún evento que nos marcó, como la muerte de un ser amado. Nuestra mente trata de protegernos de la tortura constante y decide borrar de nuestra mente todo lo relacionado; pero poco a poco, también se lleva todo tipo de memorias, creando un desequilibrio en el cerebro que causa la enfermedad.

Anemia, surge por el poco interés hacia la vida, y en participar de la misma, estar con sueño todo el tiempo, aburrido, lo que termina en afectar la confianza en uno mismo.

Piedras en la vesícula, esto es algo que sufrí mucho, fueron 5 ataques, y el dolor es super intenso, sentí morir. Ahora sé que fueron ocasionados por la amargura provocada por el odio y el rencor no expresados, me hice el fuerte y nunca compartí ni expresé lo que estaba pasando en mi vida.

Cáncer, es provocado por múltiples causas, teniendo en cuenta el área en donde se desarrolla, por lo general son resentimientos o emociones que llevamos cargando por demasiado tiempo, son heridas profundas y dolorosas.

La intención de todo el conocimiento es corregir nuestros hábitos, para evitar enfermedades futuras, todo lo que tenemos en el presente es fruto de lo que sembramos en el pasado, y de los sucesos y acontecimientos que sufrimos. Al entender cómo se origina una enfermedad, podemos tomar decisiones de forma consciente en cómo responder y manejar todo tipo de emociones, para que nuestra salud no se vea comprometida.

Si padeces de una enfermedad, y estas actualmente siendo tratado por un doctor, esto es un complemento que beneficiará en gran manera tu salud, yo creo firmemente en la medicina preventiva natural, ósea alimentarme sanamente, hacer ejercicio, tomar baños de sol, beber abundante agua, y por sobre todo trabajar mis emociones y expresarlas. Porque lo de afuera no daña a el hombre, más bien lo que sale del hombre, y sale porque es lo que existe dentro, entones al estar intoxicado con todo tipo de emociones, el cuerpo no tiene defensa y termina enfermando.

Se consciente de tu cuerpo, es tu medio de transporte para poder experimentar la vida en este plano terrenal.

CAPÍTULO 30

Está En Tus Manos

Lo que desees, cree que lo has recibido y lo recibirás.

Dar pasos de fe, significa tomar acción, moverte hacia eso que quieres de manera constante y con determinación. Solo hay un tiempo y es el ahora, no importa si piensas en el pasado o futuro, solo puedes vivirlo en el ahora, entonces si eso que quieres recibir en verdad lo deseas tienes que sentir que es tuyo ahora.

¿Pero, como lo consigo sentir desde el ahora?

Usando una de las herramientas más poderosas con la que contamos, como seres espirituales en un mundo de materia: NUESTRA IMAGINACIÓN.

Esta es la clave para manifestar de forma segura, todos nuestros deseos. Dime si no es cierto que todo lo que ves alrededor tuyo fue alguna vez, un fragmento en la imaginación de alguna persona.

Es cierto y es así, todo comienza con una pregunta formulada en tu cabeza, o un pensamiento que logre inquietar a tu imaginación, para que empiece a trabajar sin esfuerzo en un sin número de posibles escenarios, nada más tienes que enfocar tu atención a la respuesta que estás buscando, y obtendrás una solución que sea lo suficientemente satisfactoria. Todo depende de un elemento que es fundamental para que el proceso se cumpla y tenga un impacto mayor, y esto es: ¿Qué tanto deseas eso que buscas?

Si el deseo es tan fuerte que te quema por dentro, y no te deja tranquilo, entonces vendrán por medio de la imaginación muchísimas soluciones; ya nada más es que busques la que mejor te ayude a lograr tu propósito, con la que mejor vibres, o con la que te sientas cómodo en este momento, luego a tomar acción, a ejecutar la idea para comprobar si es lo que conviene. A menudo tengo muchísimas ideas, las cuales, considero que pueden tener un gran impacto en mi vida, paso al siguiente nivel, simplemente las anoto, así como llegan, no importa que tan absurdas o poco creíbles, mi enfoque es en anotar, dejar suficiente espacio para, con el tiempo, volver a la idea, modificarla, agregarle, quitarle, esperar para ejecutar, o tomar acción. Si una idea llega a mí, yo considero que tiene un propósito, tal vez no lo entiendo en este momento, pero sé que tarde o temprano lo haré.

El problema es que usamos nuestra imaginación para generar escenarios que por lo general, pasan a un plano negativo, recuerdo cuando tenía 9 años, en una ocasión mi madre quedó de ir a recogerme a la escuela, yo por lo regular salía alrededor de la 1 de la tarde, pero ya eran casi las 3, y no había ningún rastro de ella, así que se me hizo buena idea regresarme yo solo a casa. Como no tenía dinero para poder pagar el pasaje, le expliqué al conductor lo que me estaba sucediendo y me dejo subir, de igual manera hice lo mismo con el siguiente conductor. En el camino solo iba pensando en la alegría de mi madre al verme que yo podía llegar solo a la casa, pero para mi sorpresa la encontré llorando, me abrazo muy fuerte, me besó mucho y no paraba de llorar, después de unos minutos se calmó un poco y me dijo: "Pensé que te habían secuestrado, o que te había pasado algo", me explicó que se le había pasado la hora para ir por mí, que se estaba culpando y no sabía qué hacer si espera o ir a buscarme, así que lo único que pudo hacer fue imaginarse todo tipo de escenarios en donde me podía suceder algo a mí, eso combinado con toda la emoción, el miedo, la angustia, la desesperación y la culpa que estaba sintiendo ella, crearon un par de momentos en donde se me acercaron unos desconocidos y se interesaron por mí, de una manera diferente, gracias a Dios los conductores estuvieron pendientes de mí y llegué con bien.

No culpo a mi madre por nada, yo ahora soy padre y hasta ahora puedo entenderla, pero también entiendo que está en nosotros el mantener la calma y pedir a Dios con fe ante la adversidad, y luego hacer lo que esté en nuestras manos, esperando en Dios.

Es en los momentos que más tenemos que tener fe, cuando las cosas no están como esperamos, y alejar todo pensamiento que robe nuestra paz, porque la imaginación debe de ser utilizada para crear, no para despojarnos de nuestra tranquilidad, su propósito es sumar no sustraer.

Sabemos lo que queremos de la vida, sabemos lo que no queremos, cuando hay dudas es porque en realidad lo mejor es esperar, pon atención a tus emociones, en ellas está el poder, son como la gasolina que hace dar marcha a el motor, lo que sea que quieras de verdad, tienes que sentirlo, y entre más fuerte sea el deseo, más fácil será el obtenerlo.

¿Cómo saber si lo quieres y no es algo nada más que crees que quieres? Lo más fácil para mi es estar cerca de eso que pienso que quiero, y poner atención a como mi cuerpo y energía se identifican. Por mucho tiempo, yo creí que quería un carro super fino, pero cuando tuve la oportunidad de estar cerca de uno, no tuve necesidad de siquiera sentarme adentro y sentir toda la comodidad y elegancia, bastó el pensamiento de: "¿En dónde subiría a mis hijos? ¡somos muchos!", porque para mí lo más importante es compartir con ellos, no es que esté mal un carro fino, solo que en este momento no vibra conmigo. Y es así como al exponerte a lo que piensas que quieres confirmas si es algo que te mueve a actuar o no. Si es algo que te hace imaginar una respuesta para ser conseguido, o no.

Si sientes que es algo que deseas con un deseo ferviente, entonces muévete hacia eso que quieres porque de seguro lo conseguirás, y no dejes que la duda se entrometa entre tú y tu deseo.

Por un momento imagina que ya tienes todo lo que deseas, la casa de tus sueños, el amor de tu vida, el carro que siempre deseaste, el negocio ideal, ¿cómo te sientes? ¿qué cambió en ti? ¿cómo es tu hablar ahora? ¿cómo es tu actuar? ahora que tienes una muestra, ¿por qué no hacerlo permanente? ¿no te gustaría tenerlo en realidad? Si la respuesta es afirmativa ¿Cambiarías tu forma de vestir? ¿Cambiarías tu manera de ver la vida? ¿Cómo tratarías a lo demás de ahora en adelante? ¿Qué podrías hacer hoy para acercarte a tu propósito? ¿Qué mejorarías?, no ocupas hacer mucho, ¡solo comienza!, un ladrillo a la vez, y en unos años habrás levantado una gran muralla.

Lo único que tienes que tener bien presente, es que todo tiene un tiempo y un espacio, hay cosas que tienen que esperar, siempre es bueno poner prioridades a lo que deseas y nunca obtener algo acosta de tu felicidad o la de alguien más, es mejor tardarse un poquito, pero te aseguro que lo disfrutaras aún más.

CAPÍTULO 31

Todos Somos Uno

"Como una gota de mar, separados no somos capaces de nada, unidos somos el océano, todos somos uno".

Tenemos que entender que ha llegado el momento en que tenemos que pensar en el conjunto, tomar en cuenta a todos, encontrar la manera de crear un balance para que todos podamos ser parte de un mejor mundo, desde muchísimo tiempo, hemos sembrado división y discordia entre nosotros por razones que no tienen importancia, y muchas veces, eso sin importancia, creció hasta convertirse en un problema real.

Por qué no intentamos de ahora en adelante crear lazos de hermandad, sin tomar en cuenta raza o género, yo soy de Guatemala y por mucho tiempo se me dijo que somos del tercer mundo, al igual que un grupo selecto de otros países, ya sea por nuestra posición geográfica o sociopolítica, pero la verdad es que no hay un tercer mundo o un segundo, solo existe uno y es tiempo de cuidarlo, es tiempo de cambiar nuestra mentalidad para con los demás, ya que estamos nosotros sanando, ahora podemos ver mejor, podemos darnos cuenta de que todos necesitamos ayuda, todos estamos atravesando por algo que no decimos por miedo a ser juzgados, por la burla o por no querer causar lástima en los demás, tengamos compasión por nosotros en conjunto y en lugar de fomentar la división, comencemos a apreciar a todos, existen tantos talentos por compartir, tanto conocimiento, tanta sabiduría, podemos no estar de acuerdo con todos, pero podemos dialogar y encontrar las soluciones que nos hagan vivir en armonía, y en paz, tenemos que poner al amor por base y apreciar a cada persona, solo siendo más conscientes vamos a poder sanar a un planeta enfermo por tanto mal.

Es increíble que nos dividamos tan fácil, por cualquier cosa nos hacen entrar en conflicto, somos como muñecos de trapo atados a cuerdas imaginarias y movidos a placer. Escucho la opiniones diversas en lo que respecta a como debe ser un hombre o una mujer, y es en esas opiniones que se fomenta la división, es tan fácil reconocer que todos somos iguales, lo que llevamos por dentro es un alma que está limitada por nuestro cuerpo, lo que somos es muchísimo más de lo que pueden apreciar nuestros ojos, la idea de adoptar un papel en este escenario es para interpretar la mejor posible versión, no para quedarnos atrapados en el personaje y defender a muerte lo que pensamos que es correcto, nos enfocamos en lo menos importante y pasamos por alto el propósito que nos trajo aquí.

Por qué no comenzamos a ver lo bueno en los demás y nos olvidamos de lo que no está bien, ¡según nosotros!

CAPÍTULO 32

Mensajeros

Cuantos mensajes que pueden aportar mucho valor a nuestra vida dejamos escapar por poner nuestra mirada en el mensajero, muchas veces Dios nos comunica algo muy importante, pero venimos nosotros y decidimos no dar importancia porque la persona que nos da la información, no es de nuestro agrado, o porque pensamos que un mensaje de verdad tiene que venir de una persona diferente que cumpla con nuestras expectativas.

Piensa por un instante que te toca explicar un poco sobre lo que significa vivir en estos tiempos, para muchos estamos en los días finales, otros, con un nivel de consciencia, entenderán que nosotros como seres humanos estamos provocando todo lo que sucede con el mundo, otros veremos la vida con alegría y amor y pensaremos que son los mejores días de nuestra era, cada quien tiene una idea distinta de lo que está sucediendo, ahora bien; si me centro en que son los días finales, y viene alguien que me dice que piensa lo mismo, se convertirá en un aliado y juntos encontraremos más razones para seguir pensando lo mismo; pero, si viene alguien que me dice que no es así, que los días serán mejores de ahora en adelante, no estaré de acuerdo y buscaré cualquier excusa que me ayude desacreditar la información recibida. Tal vez me enfoque en cualquier detalle del mensajero: en su color de piel, en su nivel de educación, en su país de origen, en su manera de expresarse, cualquier detalle me distraerá para recibir el mensaje. Existen miles de mensajes que recibimos a diario, pero nuestro subconsciente decide si acepta o rechaza algo de manera automática, es por eso que tenemos que buscar siempre el mensaje en cada situación y en cada persona. Dios nos está hablando todo el tiempo, constantemente y por medio de todo tipo de pequeñas señales nos deja saber que estamos haciendo las cosas bien o no, RECIBIMOS CONFIRMACIONES, es muy importante entender también que el mensaje puede venir de la persona menos esperada, y que tal vez su nivel de educación impida expresar el mensaje de una manera más exacta, hace lo que puede y trata de explicarlo a su manera, es como si tú siendo mecánico le mandaras a decir a un amigo un mensaje acerca de que el problema del carro eléctrico está en el motor y la causa más probable sea; por "el desequilibrio de tensión", es muy posible que la persona que lleve el mensaje no conozca nada de carros y no entienda que significa que un motor esté desequilibrado por la tensión, pero la persona que recibe el mensaje, lo puede comprender porque, aceptó recibirlo y sabe del tema.

A lo largo de la historia hemos recibido un sin número de mensajeros super importantes que han venido a ayudarnos para entender nuestro propósito, como podemos vivir de una mejor manera, a explicarnos lo que en verdad somos, nos han mostrado el camino para vivir en armonía, pero no les hemos creído por su origen humilde, por sus rasgos, o por muchas razones. Lo cierto es que es fácil rechazar a alguien cuando estamos ciegos por nuestro ego, o el mal que habita en nosotros, por lo general, cuando algo se genera en nosotros que nos hace reaccionar de una manera negativa, o incluso violenta sacando lo peor en nosotros, es porque estamos frente a alguien que nos está haciendo ver la verdad, nos está mostrando algo con lo que no queremos trabajar o no queremos reconocer y eso no es normal, a todo lo que reaccionamos nos muestra donde está el problema a trabajar, hazte la siguiente pregunta: ¿Por qué reacciono de una manera diferente cuando estoy en presencia de una persona o de otra? ¿Qué se me está dando a conocer? ¿Por qué me controlan estas emociones y actuó de una manera diferente a como yo quiero?

Los mensajeros llegan a decir la verdad y eso es lo que incomoda, y como lo malo que está en nosotros, ya se acomodó y quiere seguir habitando nuestro ser, reacciona y produce rechazo, por eso el camino al despertar espiritual es duro porque se está continuamente expuesto a todo lo que no queremos ver en nosotros que debemos expulsar, cambiar, sanar o comprender para poder seguir avanzando en nuestros procesos espirituales.

La humildad no es nada fácil es lo que más detesta "el mal que habita en nosotros" ¿Por qué crees que oramos estando de rodillas? porque cuando nos ponemos en una posición de servicio, va en contra de la naturaleza del parasito; que es altiva, y hace que se incomode y se esconda dentro y es en ese momento que somos nosotros, cuando nuestra naturaleza es revelada, cuando nos damos cuenta que estamos aquí para servir los unos a los otros. ¿Por qué piensas que el maestro Jesús enseñaba muchas veces mientras lavaba los pies de sus discípulos? Has hecho alguna vez eso por alguien, yo he tenido la oportunidad de hacerlo y también de recibirlo y en ambas ocasiones se crea una conexión libre de ego, se crea un espacio en donde podemos ver con los ojos espirituales y reconocer nuestra naturaleza, creamos una comunión entre los participantes en donde se abren las puertas al aprendizaje y la enseñanza.

El mensaje es palabra, la palabra es vida, no solo de pan vive el hombre sino de toda palabra que sale de la boca de Dios. Dios es Amor, toda palabra que tenga como base el Amor viene de Dios, el Amor es manantial de agua viva, el agua es vida, la palabra del mensajero verdadero calma la sed, crea vida, renueva, y abre las puertas al Amor, por lo mismo crea conflicto entre padre e hijo, esposa y esposo, entre una persona y otra, pero no porque sea esa su intención, es porque "el mal que habita en uno" reacciona y quiere evitar la sanación del alma, quiere impedir el despertar de la consciencia, creando un espejismo en donde nos hace creer que la tribulación es parte de servir a Dios, cuando es solo una señal de la desintoxicación por la cual estamos atravesando. Es normal entrar en un estado de conflicto en un principio, el cual durará lo necesario según la persona, por eso se nos insiste a perseverar y no darnos por vencidos. Vale el esfuerzo, "definitivamente", yo nunca había, sentido tanta paz, amor, felicidad en mi vida con solo el hecho de abrir los ojos por la mañana, no se necesita absolutamente nada más para ser feliz, que el tener aliento de vida.

Enfócate en el mensaje, no te voy a decir que no dejes de asistir en donde encuentres a Dios, solo te pido que pongas tus ojos en buscar de él y del Espíritu Santo, y que pongas atención a lo que se te enseña, la intención de congregarnos es para aprender unos de otros, no para adoctrinar, la intención es aprender a mejorar nuestras vidas, no mejorar la vida de los que estén a cargo, la intención es la de ofrendar de nuestro corazón, pero siendo responsables y conscientes del buen uso de los fondos, para que lo que ofrendemos sea de bendición para muchos, no es la intención que seamos despojados de lo que apenas se tiene, como podemos dar más y ser más, si no tenemos. Incluso considera un límite un porcentaje, si quieres dar más aprende a generar más, pero no sacrifiques lo poco que tienes, porque Dios no quiere sacrificios, lo que Dios quiere es que seas feliz y que des según la abundancia que vayas creando.

Sé consciente de las palabras bonitas y elocuentes que pueden resultar ser engañosas, la palabra tiene que ser con filo de espada que penetre dentro de ti y que te haga sentir su verdadero significado, solo cuídate de los que te entretienen pensando que la palabra de Dios esta hecha para eso, se han olvidado de su propósito, es todo. No los juzgues porque han servido mucho, solo que se han desviado del camino, recuerda que es fácil a veces, el caer en la tentación y equivocarnos, pero incluso estando equivocados en sus lenguas, hablan palabras de verdad, solo cuida que no estén entrelazadas con mentira, para que no te confundas, pide discernimiento a Dios y mira sus actos, aprende de lo bueno, ignora lo que no lo es, no pongas tus ojos en sus faltas, mejor reconoce sus aciertos y contribuciones, mira sus frutos y reconoce si es prudente el ser parte de ese sendero, recuerda que en la mayoría de las veces llevamos a nuestras familias enteras a creer una verdad que no lo es; tenemos que ser responsables por nosotros y por ellos, solamente no nos apresuremos y preguntémonos ¿en verdad estoy en el lugar correcto?
Solo recuerda en tener compasión para todos los que están al servicio de Dios, entre más eres de ayuda más eres atacado, es un camino que no es

nada fácil pero que es necesario, se necesitan líderes espirituales que ayuden a despertar a sus hermanos por medio de conversaciones, que fomenten el aprendizaje, los buenos valores, el perdón y el servicio dirigido hacia los que más lo necesitan, ser partícipes de un lugar en donde nos apoyemos unos con otros para crecer y buscar soluciones para nuestra sociedad y el mundo en el que estamos.

Los mensajes tienen muchas interpretaciones, tenemos que tomar un tiempo prudente para entender bien el significado, los mensajeros podemos ser todos y pueden provenir de cualquier lugar, aprende a ver con los ojos espirituales y encontrarás la verdad (solo si la estáss buscando), porque el que busca...

CAPÍTULO 33

Las Heridas Que Llevamos Dentro

Una decisión, se hizo una pregunta, la respuesta cambiaria todo, mi madre en el hospital con un embarazo de 7 meses aún, casi inconsciente, se tiene que hacer cesaria, las posibilidades de salvar a ambos es casi nula, se tiene que pensar en una elección, y yo no fui el elegido, por milagro, por suerte o porque existía un propósito, me aferré a la vida, fueron muchos meses en una incubadora, con la esperanza de poder continuar con vida, esa es la historia que conozco, sé que no es fácil para muchas familias, que pasan por situaciones similares, pero aunque no entendamos, "sé que Dios está con nosotros desde el principio, y él sabe lo mejor para nuestras vidas".

Desde que estamos en el vientre de nuestra madre podemos percibir todo nuestro entorno, sentimos a papá, sentimos a los hermanitos, sentimos a los demás familiares que son parte de ese espacio, sentimos la vibración del hogar, la música, las conversaciones, sentimos todo, las emociones de mamá, sentimos sus miedos, inseguridades, tristezas, ansiedad, sentimos si somos rechazados o aceptados y nuestro cuerpo comienza a comunicarse, de la única manera que puede en ese momento; biológicamente, reaccionado, creando enfermedades o mostrando superficialmente en la piel alergias o irritación, pueden darse problemas más serios, como asma o problemas cardiovasculares.

Al nacer pasamos a una etapa en donde podemos sentirnos aceptados o rechazados, seguimos siendo frágiles, a nuestro entorno, según como se vaya desenvolviendo nuestra situación, pueden comenzar a formarse pequeñas heridas que, con el paso de los años pueden ir sanando solas al mejorar nuestra situación, o pueden hacerse más grandes y profundas, lo cual hace que ahora las expresemos a través de nuestra manera de ser, nuestra manera de socializar, nuestra manera de ver la vida, todavía somos muy frágiles y susceptibles a nuestro entorno con la diferencia que ya estamos un poco más conscientes y podemos recordar eventos, estamos en riesgo de recibir maltrato, violencia y cosas peores, que si llegan a ser demasiado graves, son heridas que nos pueden marcar de una manera muy fuerte.

Desde los 7 años nuestro cerebro ya está programado de una forma básica, de esa edad en adelante necesitamos desaprender para volver a aprender. En nuestra vida y todo alrededor ya tenemos una manera de ser un poco más definida y comenzamos a usar máscaras que nos permitan desenvolvernos mejor, "si a papá no le gustan los niños que lloren mucho, nos hacemos los fuertes y suprimimos nuestros sentimientos y emociones", "si nos damos cuenta de lo que los demás esperan de nosotros y comenzamos a pretender alguien que no somos para comenzar a encajar".

También podemos aparentar ser algo más para conseguir lo que queremos; tenemos estrategias que usamos sin saber para facilitarnos la vida, como mentir, aprendemos a culpar a otros para librarnos de un castigo, aprendemos a omitir los hechos o palabras, aprendemos a callar, a tener miedo, a huir, nos acostumbramos al maltrato, a la violencia, al abuso, nos causa gracia la desgracia de otros, y se nos hace normal todo lo que sucede con nosotros; pensamos que así es como es para todos, o pensamos que somos los únicos que estamos pasando por una situación específica, creemos que somos malos y que no merecemos algo bueno, lo que nos hace reaccionar y tener un comportamiento de rebeldía ante nuestra situación.

En la adolescencia estamos mucho más confundidos, por los cambios en nuestro cuerpo, comenzamos a escuchar todo tipo de información que nos confunde aún más, nuestras emociones se hacen más presentes, pasamos del enojo a la tristeza, a la alegría, tenemos necesidades en nuestro cuerpo y no sabemos cómo satisfacerlas, o que hacer con ellas, comienzan a hacerse más presentes los juicios sobre nosotros o los demás, las máscaras se hacen más claras y empezamos a utilizar más, porque ahora estamos exponiéndonos a más situaciones que requieren de nosotros, el ser diferentes para sentirnos aceptados, nos damos cuenta que al mentir lo podemos hacer más convincentemente y como mini adultos que somos se confía más en nosotros, y si no es así nos sentimos ofendidos y reaccionamos con chantajes, usamos todo tipo de estrategias para llamar la atención; en esta edad, creemos que lo sabemos todo y queremos experimentar la vida, es por eso que somos presa fácil para el consumo de alcohol, drogas, pornografía o para personas que se puedan aprovechar de nosotros, no nos gusta que nos corrijan y nos acercamos fácilmente a todos los que piensen como nosotros, sin importar si se está en lo correcto o no, solo nos importa tener la razón, es una edad muy difícil porque incluso tenemos la habilidad de crear una vida, que de ser así, nos complicamos más la nuestra.

Llegamos a ser adultos y ahora nuestra personalidad está más definida, somos lo que pensamos que somos, ahora tenemos un sistema de creencias que fue alimentado por todo lo que aprendimos, vimos, escuchamos, sentimos, por todas las experiencias que marcaron nuestra vida, las heridas ahora se han desvanecido, cicatrizaron o son muy grandes y están infectadas; lo cual genera que tengamos un comportamiento diferente, reactivo cuando estamos en situaciones que nos tocan la herida nuevamente.

Nos convertimos en adultos dañados y vamos por el mundo encontrando todo tipo de situaciones que nos pongan en contacto con lo que debemos sanar, aparecen maestros, que pueden actuar como verdugos, aliados, victimas o salvadores que nos ayuden a trabajar lo que necesitamos para poder sanar, no logramos comprender el propósito y vamos por la vida haciendo daño o permitiendo que nos sigan haciendo daño, pensamos que la vida es injusta y que no hay ningún propósito en vivirla. Es en este momento que nos damos cuenta que necesitamos hacer un cambio, que necesitamos buscar una solución y ponerle atención a la herida que llevamos, pero para sanarla, va a doler posiblemente, siendo esta la única forma de sanarla, tendremos que abrirla nuevamente, con la intención de limpiarla, desinfectarla y curarla.

En cualquier etapa a lo largo de nuestra vida, antes de ser adultos hubiera sido tan fácil corregir, desaprender y volver a aprender, si tan solo se nos hubiera puesto atención, si tan solo hubiéramos tenido la información para entender un poco sobre cómo funciona la vida. Lo ilógico es que esta información la buscamos hasta que ya estamos dañados, hay tanta información acerca de todo esto, pero no nos interesa compartirla con las generaciones que vienen detrás de nosotros.

Hagamos un esfuerzo por dar consejo, pero no decirles lo que tienen que hacer, más bien conversar y explicarles lo que hemos vivido, para que ellos solos decidan lo que les conviene. A nadie de nosotros nos gusta sentirnos criticados o recibir ataques de parte de algún extraño, mucho menos de las personas que amamos, es por eso que nos cerramos a cualquier consejo, aunque sea para nuestro bien. La táctica del miedo para controlar ya está más que clara, es por eso que se nos habla de un infierno para infundir miedo y así asustarnos para hacer las cosas bien, pero ¿no sería mejor despertar nuestra conciencia, y nosotros al estar despiertos poder despertar la conciencia de los demás?, no se tú, pero yo estoy harto de tanta violencia en el mundo, se dice que se manejan trillones de dólares a nivel mundial pero no se tiene la capacidad para acabar con la pobreza, o la hambruna, no podemos tener una jubilación decente para nuestros ancianos, no podemos brindar alimento y un techo para las personas sin hogar, no podemos tener un plan de acción para cuando alguien comete un error, lo tiene que pagar con cárcel, en donde sale más dañado y marginado haciendo casi imposible su rehabilitación. Tenemos todas las herramientas para mejorar al mundo, pero cada vez pensamos en estar más y más divididos, cada quien buscando lo que le conviene, sin tomar en cuenta a los demás. Tal vez sea tarde para que muchos cambiemos, pero no es tarde para que las futuras generaciones aprendan una mejor manera de vivir, un pensamiento más consciente, inteligente, sabio y compasivo que los lleve a ir erradicando los problemas, al encontrar la raíz de los mismos y corregir desde esa misma para obtener un resultado diferente.

Sí, es algo complicado, algo muy difícil de lograr e incluso se puede pensar que es una fantasía, pero igual se dice acerca de todo hasta que es conseguido. Todo lo que necesitamos es que sea posible, al haber una posibilidad se abren las puertas a un pensamiento que busque soluciones a través de la imaginación, y ya estará en nosotros si tomamos acción para hacer la diferencia en la vida de los demás, de por si al tomar responsabilidad en nosotros y buscar la sanación para nosotros nos hacemos parte de la solución, porque nuestra presencia importa y genera un cambio en nuestro entorno que se puede expandir como una onda que se genera al tirar una piedra en un lago.

Identifiquemos los síntomas que tenemos, y nos daremos cuenta que existe una herida, algunas veces puede que tengamos capas que nos han servido como armadura, para protegernos, ocupamos ir despojándonos de la armadura y ser vulnerables, está bien el llorar, está bien el sentir, está bien el demostrar lo que sentimos, está bien el sentir resistencia y no querer sanar, está bien el pensar que estamos bien y que no necesitamos cambiar, lo que sientas está bien, pero también está bien el reconocer que necesitamos ayuda si ya estamos cansados de la vida que hasta este momento llevamos. Porque nada cambiará si nosotros no cambiamos algo, no hay prisa, el ritmo lo ponemos nosotros. Si decides curar tus heridas entonces necesitamos "sanar el pasado", regresemos a ese capítulo y trabajemos con más determinación, abramos nuestro corazón y pidamos por sanidad a nuestro Padre Celestial, creyendo que será hecho y por fe así será, solo recordemos que esta es una nueva oportunidad para hacerlo de una manera más profunda y consciente, en donde tenemos que enfocarnos completamente en lo que nos sucedió y expresarlo, se necesita llorar, hablar, gritar, lo que consideres necesario para ir sanando, lo puedes hacer solo o pide alguien que te acompañe, todo depende de la emoción que necesites trabajar.

Ocupas un poco de ayuda para identificar que vas a trabajar entonces has esta pregunta: ¿Qué necesidad se busca saciar?

Cuando tenemos sed, buscamos agua.

Cuando tenemos hambre, buscamos comida.

Cuando nos sentimos solos, buscamos compañía.

Cuando tenemos frio, buscamos calor.

Cuando tenemos necesidades, buscamos ayuda.

Cuando no viene la ayuda por ningún lado y estamos con muchísima necesidad, buscamos de Dios, muchísimas veces, no lo buscamos en verdad hasta que el vacío es demasiado grande o la necesidad se vuelve intolerante, y cuando recibimos la ayuda ¿qué pasa? Lo que pasa es que depende de muchos factores, bien podemos ser super agradecidos y cambiar por completo nuestra vida, o solo cambiar momentáneamente, mientras estamos bien, para volvernos a acordar de Dios en momentos de necesidad.

Y ¿Por qué Dios, nos vuelve a ayudar? Porque Dios también nos perdonara y ayudara 70 veces 7 y más.

Pero ¿Por qué vuelve la necesidad?

Por qué no ha sido saciada e inconscientemente buscamos de eso que tenemos sed. Pero nos podemos confundir bien fácil con lo que buscamos creyendo que es eso de lo que en realidad necesitábamos.

(Aquí puedes regresar al capítulo "sanando el pasado" en la página 169, ó puedes continuar leyendo).

CAPÍTULO 34

Las Necesidades De Nuestro Ser

¿Has confundido alguna vez la sed por hambre? O ¿has tenido sed y has querido calmar tu sed con algo que no sea agua? ¿ Qué paso con el Agua? el agua si puede calmar tu sed, como lo puedes comprobar, porque solo tomas la cantidad que necesita tu cuerpo y la sed desaparece.

¿Cuántas cervezas puedo tomar? Las que yo decida, ¿se calmará la sed? No, porque la función de una cerveza, no es la de calmar la sed, entonces:
¿cuál es su función? Esta es una pregunta, que tenemos que hacernos más frecuentemente, por ejemplo: ¿has tomado bebidas energéticas? ¿para qué necesitas energía? ¿Por qué?

¿Qué es lo que provoca esa falta de energía? Si te comparas con una batería de celular, ¿en dónde crees que se está acabando tu energía? Porque el ser humano, no está diseñado para buscar energía, eso es algo que nuestros cuerpos producen en automático, lo único que tenemos que hacer es aprender, hacernos las preguntas correctas y aprender, ¿Qué alimentos necesito para tener energía? ¿Qué es lo que está acabando con mi energía? ¿Qué puedo hacer para recuperar mi energía? O ¿qué tengo que dejar de hacer para no gastar mi energía?

Una de las más grandes necesidades que tenemos es la de Amor, por eso cuando nos acercamos a Dios de verdad, nos damos cuenta que ya no necesitamos de nada más para estar bien, ¡Dios llena nuestro tanque! Ahora la pregunta es ¿Por qué se vacía tan rápido en algunas ocasiones? Por qué a veces damos mucho amor y no se devuelve, o tenemos tanta necesidad de amor que lo consumimos demasiado rápido ¿Qué es lo que lo consume? Cargas que estamos arrastrando, por costumbres, por vicios, por heridas que no queremos sanar, y ¿Por qué no queremos sanar una herida? Por dolor, cuantas veces yo en lo personal no he querido tocar un raspón en mis rodillas después de jugar al futbol, porque duele mucho, hay que limpiarlo, desinfectarlo, ponerle alcohol, y hacer esto hasta más de una ocasión hasta que sane, a veces queremos dejar la herida nada más así esperando que se sane sola, muchas veces no sanará a menos que hagamos algo al respecto. Pero volviendo al amor, ¿qué es lo que una persona busca al tener muchas parejas? ¿Amor?

¿Por qué lo busca? Por ausencia de él, pero si tienes a alguien y no sacias esa ausencia ¿entonces? Yo en lo personal, estaba confundido, creía que el amor, era sexo o compañía. El amor es amor, así como el agua es agua, no existe nada que le pueda sustituir, todos estamos en un mundo de necesidad, especialmente después de la pandemia, hay muchas personas que tenemos miedo o hasta pánico al estar en presencia de alguien que muestre síntomas de gripe, fueron varios años en donde se nos adoctrinó, a alejarnos de los demás, ahora nuestro inconsciente se pone a la defensiva en presencia de cualquier persona. ¿Cómo podemos reeducarnos? Demostrándole a nuestra mente, que no hay nada que temer; creando amor, abrazando a tus seres

queridos, siendo más amable con los desconocidos y buscando siempre lo bueno en los demás.

Una persona infiel, ha recibido mucho daño, o un golpe fuerte, que lo marcó, posiblemente una herida de engaño, que no fue sanada correctamente y se muestra una y otra vez hasta que sea sanada, es como que la vida te vuelve a poner en la misma situación, una y otra y otra vez hasta que lo enfrentes y decidas trabajarlo. El engaño te hace dejar de confiar en las demás personas, te hace sentir menos, te hace compararte con la otra persona, queriendo buscar una explicación de un porqué, te hace sentir que la vida es injusta y que el amor verdadero no existe, te apaga y te hace con el tiempo una persona insensible, es algo horrible, tanto engañar como ser engañado. Una persona infiel, actúa sin pensar, y vive con culpa constantemente, es un infierno, sobre todo cuando la persona a la que uno traiciona "no merece ser engañada", pero el engañado es uno, porque no nos damos cuenta que si aún tenemos la necesidad, después de estar con otra persona u otras, es porque, no estamos obteniendo lo que buscamos.

Y así podemos ir hablando de las necesidades que se manifiestan, todas al final tienen una necesidad lógica, una persona que maltrata a los demás, recibió maltrato, o lo está recibiendo y ocupa estar vaciando su copa, porque es demasiado lo que carga, tanto que incluso se siente liberado al estar en conflicto por que libera un poco el estrés que se acumula por la situación.

Una persona que miente, tiene un profundo miedo a exponerse a la realidad, posiblemente no le gusta lo que se está viviendo y altera las cosas a su manera para que sea más aceptable por la misma, culpando a otros y no así mismo, incapaz de reconocer la condición, sembrando dudas y creando escenarios que están cada vez más lejos de la realidad. Sin duda no es fácil, y pensar que todo pudo comenzar con "mentiras blancas" que fueron creciendo conforme las situaciones que se han vivido, hay muchos escenarios, muchas razones para mentir, pero siempre será mejor decir la verdad o tarde o temprano el tiempo se hará cargo de demostrar la realidad y quedaremos avergonzados o impactados por las consecuencias.

CAPÍTULO 35

Apreciar

Hay tanto que apreciar y reconocer en los demás y en nosotros mismos; gracias a mi madre hoy estoy vivo, y gracias a mi esposa, tengo 4 hijos varones que amo con todo mi corazón.

Desde pequeñas las mujeres llenan de alegría un hogar con su única manera de ser, con su sensibilidad, compasión, con sus corazones hacen que el mundo se detenga cuando comienzan a hablar con sus primeras palabras a mamá o a papá, están llenas de energía que es contagiosa, con una sonrisa iluminan el mundo. Dios las hizo perfectas, gracias a la mujer un hombre encuentra la inspiración para crear, es por la mujer que un hombre decide ser más de lo que puede ser, el mundo es hermoso por las mujeres, son la luz y la calma en la tempestad, son fuente de inspiración, una mujer es tan única y diferente, su belleza solo es igualada por su enorme corazón, como no apreciarlas, como no quererlas, son inteligentes, sensibles, humildes, fuertes, fueron hechas por amor, para dar amor, para crear amor, es imposible imaginarse un mundo sin su calidez. Transforman todo y lo hacen mejor, les das una casa, hacen un hogar, es imposible no querer a una mujer.

Por otro lado el hombre, como no recordar a mi abuelo, un gran hombre, trabajador, responsable, disciplinado. Los hombres somos capaces de todo y nos arriesgamos a todo especialmente por amor, desde muy pequeños nos encanta ayudar, nos encantan los retos, y cuando nos enfocamos tenemos la capacidad de ser y lograr lo que nos propongamos, tenemos tantas cualidades que desarrollamos para poder cuidar de los que amamos, tenemos un corazón fuerte y valiente, cargamos con tantas cosas que decidimos callar, por que amamos de una manera diferente, pensamos de una forma diferente, que nos lleva a tomar decisiones en beneficio de todos. Me quedo corto en verdad al describir lo que un hombre y una mujer significan, Dios nos ama tanto que nos dio la ayuda idónea, el uno para el otro, si centramos nuestras habilidades en beneficio de ambas partes nos daremos cuenta que todo es más fácil, que todo fluye con facilidad, que todo tiene una razón de ser y que es un privilegio el compartir estas dos grandes fuerzas.

CAPÍTULO 36

Cámaras Listas, ¡Acción!

Hemos trabajado muchísimo en este libro, desde identificar las razones, para luchar, enfrentarnos a nuestros miedos, darnos cuenta que nosotros somos los únicos responsables de nuestra vida, sabemos que las enfermedades son la manera en la que nuestro cuerpo se comunica con nosotros, sabemos que la batalla está en nuestra mente, entendemos que el ego es un gran adversario, pero sabemos que Dios está de nuestro lado a cada paso que damos, sabemos que nosotros alejamos las bendiciones al no estar en una frecuencia correcta, que existen muchísimas herramientas para sanar, que nuestra felicidad depende de nosotros, que el amor lo puede todo y es la base para todo lo que nos propongamos, y ¿ahora qué?

Ahora vamos a aprender a tomar ACCIÓN.

La planificación es necesaria; pero, en exceso nos puede paralizar y eso es precisamente lo que debemos evitar a toda costa, es como si en una competencia los corredores escucharan: ¡En sus marcas! ¡listos! y ¡listos! y ¡listos! Y nunca escucharan el ¡fuera! Ellos saben que las posibilidades de ganar son muy pocas, solo uno puede llevarse el primer lugar, pero no importa, lo que quieren es tener la posibilidad de ser ellos los ganadores, solo pueden tener esa posibilidad al competir, es la única manera, no hay otra, el tomar acción.

La imaginación sin acción, no nos ayuda en nada, podemos imaginarnos la mejor idea del mundo, una idea de millones de dólares, pero si no actuamos de acuerdo a ella, nunca saldrá a la luz y la posibilidad de que a alguien más se le ocurra una idea parecida con el paso del tiempo, es muy alta, después nos quedaremos con el pensamiento de que "¡esa era mi idea!""

Solo comienza, olvídate de que sea perfecto, solo comienza ya, así como estés toma el paso que puedas tomar ahora, muchísimas de las grandes empresas comenzaron desde el cuarto del garaje de algún emprendedor, todos con la ilusión y la mirada puesta en lo que puede ser, y eso es lo que nos tiene que motivar a nosotros, poner nuestros ojos en la posibilidad de un mejor mañana, gracias a ese pequeño paso que estamos tomando el día de hoy.

Siempre vamos a cometer errores, habrá miles de detalles que tendremos que resolver, lo importante es no tomarse nada personal, solo confiar en el proceso, he ir corrigiendo, haciendo ajustes y volver a intentar, se logra el éxito por perseverancia, más que por talento, puedes tener el mejor producto del mundo, sin embargo, se requiere de consistencia y determinación para hacerte de un lugar, no te des por vencido, insiste, nada más pregúntate, ¿Cómo lo puedo hacer mejor?
Y las respuestas fluirán para que lo seas.

Colócate en el lugar correcto. Muchas veces no estamos en donde deberíamos, y es eso precisamente lo que nos impide tomar un paso hacia la acción, si te rodeas de gente correcta que te inspire, que te hagan sentir que es posible lograr tus sueños, las posibilidades de lograrlo más pronto se multiplican. Mucho se habla del 5% contra el 95%, tomando como base que las personas que están en ese 5% son las únicas que logran todos sus sueños, para mí esto es equivocado, no todos queremos los mismos sueños, y si tal vez estemos buscando cosas diferentes, que hacen que a veces nos inclinemos más hacia un porcentaje o nos alejemos, pero esto es irrelevante, no te compares, sé feliz con lo que tienes ahora y toma acción para seguir llenándote de experiencias que te motiven a ir por más.

No hay nada imposible, solo que todavía no sabemos cómo hacerlo posible, eso es lo bonito de la vida, el descubrir cómo hacer las cosas, los seres humanos somos increíbles, hemos sido capaces de hacer tanto, pero como en el tiempo de la torre de babel, no nos entendemos, incluso hablando el mismo idioma, cada vez estamos más confundidos con lo que creemos que queremos. "Pero no será así por siempre".

Da más de lo que se espera de ti y algún día recibirás más de lo que haces. Hay una creencia con la que no estoy de acuerdo, en muchos lugares de trabajo, suelo escuchar, "ese no es mi trabajo" y siento en lo personal, que no debería ser así, es como si estuviéramos en el mismo barco y se empieza a hundir al recibir un impacto al costado, y yo nada más veo como los que están de ese lado, hacen lo posible por reparar el daño y evitar que el barco se hunda. Esa misma actitud la veo constantemente en muchos lugares de trabajo, tomar acción, a veces también se refiere a colaborar, en dar más de lo que se nos pide, en reconocer que alguien está haciendo lo posible por darnos una fuente de trabajo, tomemos acción, en aprender, en ayudar en mejorar lo que no es nuestro, te aseguro que pronto obtendrás una bendición, recuerda: ¡Estás sembrando! Cuando sea el tiempo de recoger los frutos de tu esfuerzo, ¡no creerás todo lo que será para ti!

A veces, lo único que necesitamos es contar con alguien para apoyarnos en momentos de duda o miedo, rodéate de personas correctas, trata de ir a seminarios o conferencias, y conoce gente que esté en la misma misión que tú, busca entablar una amistad con alguien para que ambos se inspiren a ser mejores y que se ayuden a comprometerse, a dar lo mejor de sí mismos. Sabes que incluso los leones son atacados por hienas al estar solos, muchas veces la misión que tenemos puede ser de gran bendición y es por eso que es importante el estar rodeado de gente correcta. Crea alianzas y verás como todo es más fácil, busca la ayuda idónea para cada cosa que necesites hacer, crea puentes de oportunidad y te sentirás super bien contigo mismo.

Te voy a contar un poco de mí, no con la idea de presumir, pero más bien, enseñarte el poder de Dios y lo que ha hecho y está haciendo con mi vida, como punto de partida déjame decirte que nací en el país de Guatemala, en donde viví hasta los 9 años para continuar con mi niñez en el país vecino de El Salvador, en ambos países deje trozos de mi corazón entre amigos, familia y recuerdos (los cuales atesoro con mucho amor), para buscar un

mejor futuro para mí y los míos aquí en Estados Unidos, inmigrante con miedos inseguridades y muchos complejos, que superé y que dejé para poder abrirme paso y buscar una oportunidad, la cual me llevó, gracias a Dios, a ser el dueño de una franquicia en Estados Unidos, el nombre de mi compañía es Christopher & Ethan y tengo una de las marcas que están teniendo mucha aceptación en Grand Central Market en Los Ángeles California. "José Chiquito" es el nombre del restaurante, y aunque somos una empresa pequeña hemos logrado estar en este mercado por muchos años, incluso pasando a través de recesiones y atravesando crisis como la pandemia mundial, no ha sido fácil, sin embargo, Dios siempre ha estado conmigo, con mi familia y con todas las personas que forman parte de nuestra empresa.

Muchos me han preguntado ¿Cómo te convertiste en dueño de negocio? Para sorpresa de muchos, yo comencé a trabajar como encargado de la caja registradora en el año 2007, con muy poquito inglés logré una entrevista con el entonces dueño del lugar, Steve. Recuerdo que me hizo muchas preguntas de las cuales respondía en la mayoría con un simple "yes", no tenía mucho conocimiento del idioma para poder contestar de mejor manera, pero tenía necesidad de trabajar y conseguí el trabajo. Mi misión desde un principio fue la de demostrar a mi jefe que no se equivocó conmigo, lo tomé desde un principio como algo propio, trabajé muchas horas extras y nunca las cobré, quería aprender todo lo relacionado con el negocio, llegué a trabajar los 7 días de la semana, y me enfoqué en prepararme para una oportunidad. Con el tiempo aprendí inglés, aprendí todas las áreas del restaurante, me convertí en manager, sin tener la posibilidad de comprarme un carro, tenía que hacer algunas de las compras de emergencia en mi bicicleta, te aseguro, no tenía ni la más mínima idea de lo que hacía, pero tenía la voluntad de sacar el negocio adelante, mejoré, y mejoré y cada vez los resultados fueron mejores, hasta que llegó el momento en que me pude convertir en el dueño del lugar, han sido 16 años de esfuerzo y dedicación. Me eduqué como pude a través de libros, seminarios, de entrenadores de negocios, entrenadores personales, guías espirituales, horas de entrenamiento en internet, audio libros, programas de estudio, y muchísimos errores que pagué muy caro, pero que fueron necesarios para llegar a donde estamos ahora. Han sido cientos de pequeños cambios, de modificaciones, de intentar y volver a intentar, he perdido miles de dólares, que ahora veo como inversiones para mi educación, de alguna u otra manera se tiene que pagar el precio, si se quiere tener algo en la vida. Al mismo tiempo que he estado levantando una empresa, estaba perdiendo mi vida, o fue el enfoque en el negocio que me ayudó a mantenerme a flote en los años más duros, eso y por sobre todo la ayuda de Dios, que, de una manera u otra, siempre me envió ayuda. Él sabía que lo necesitaba porque ahora al ver hacia atrás me doy cuenta que nunca estuve solo, puedo ver la mano de Dios en todo momento, incluso en el tiempo en el que trabajé estando en depresión, en el tiempo que mi corazón me falló, en el tiempo cuando me dieron los ataques en la vesícula, en el tiempo en que no teníamos para pagar la renta del negocio, mucho menos de la casa, en todos los tiempos en los que me quise dar por vencido con mi vida, ahora reconozco que Dios me ayudó al ponerme a cargo de un negocio, porque gracias al restaurante pude quitar mi mente de la situación, lo que te quiero decir con esto, es que siempre habrán mil y un problemas para no hacer lo que quieres, pero es precisamente cuando más tienes que hacerlo, yo me aferré con todas mis fuerzas, por mí y por mi familia, en especial mis hijos. Porque en todo este tiempo y al analizarme, me doy cuenta que tuve que convertirme en alguien completamente distinto a lo que alguna vez fui para entender que:

1. *"Si yo cambio, Todo cambia"*
2. *"A atreverse a dar ese paso de fe, es lo mejor"*
3. *"Fueron 16 años de mi vida, que de igual manera hubiesen pasado"*
4. *"La base siempre tiene que ser el amor"*
5. *"A la única persona que engañé, fue a mí mismo"*
6. *"Que todos podemos, ser mejores"*
7. *"No importa cómo, Dios te proporcionará lo que necesitas"*
8. *"El camino se hace, al caminar"*
9. *"Los problemas son parte de la vida"*
10. *"El conocimiento no es nada, si no se pone en práctica"*
11. *"Todos tenemos la oportunidad de lograr una vida que asemeje el paraíso aquí en la tierra"*
12. *"Las grandes batallas se ganan de rodillas y en oración"*
13. *"No podemos hacerlo solos, dependemos de todos"*
14. *"Todos estamos al servicio de alguien más"*
15. *"Agradecerle a Dios por todo, en todo momento"*
16. *"Los logros individuales, son muchísimo más importantes si se comparten"*
17. *"Rodéate de gente correcta"*
18. *"Evita las distracciones"*

19. *"Honra a todos los maestros, aunque no estés de acuerdo, merecen respeto"*
20. *"El dinero es una herramienta, úsalo como tal"*
21. *"Mantente en paz, ante todo, lo que te la esté quitando, está de más"*
22. *"Disfruta más de la vida"*
23. *"Ámate tanto como puedas"*
24. *"Decir No, es un si para ti"*

El propósito de mi historia, es nada más para hacerte ver que, si ¡yo puedo! ¡tú puedes! Los límites los ponemos nosotros, porque si nos concentramos en lo que no tenemos o no somos, nadie haría nada, no tienes que ver todo el camino, ni saber que sigue después, solo avanza, camina, y conforme lo hagas lo demás se irá despejando para que puedas ver un poquito más, y es así como lograrás lo que te propongas.

Cada día, haz lo que te corresponda hacer, no te preocupes (no te ocupes de ante mano) por lo de mañana, has lo mejor que puedas hacer hoy, y así cada día.

Ahora es la parte, en que ya no ponemos más excusas y vamos por lo que queremos, vamos por la vida que siempre soñamos, vamos a convertirnos en nuestra mejor versión, no importa si aún falta sanar mucho más, no importa que aún tengamos dudas, no importa que el miedo nos domine por momentos, no importa más nada, que ser felices.

Desde ahora asumo el papel que me corresponde para convertirme en quien debo ser, la cámara esta lista, todos están esperando para que el actor principal salga al escenario, ¡ese soy yo! No los haré esperar más y daré mi mejor interpretación, sé que no será fácil, por momentos incluso tal vez tenga ganas de renunciar, pero esos momentos serán muy breves, porque ahora estoy en un estado de consciencia diferente, cuando sienta que estoy por perder el propósito, haré una pausa, pero no retrocederé hasta que el ticket para estar aquí en este mundo me sea quitado, cuando se acabe el juego, hasta entonces, hasta que ese momento llegue, daré lo mejor de mí. Y me rodearé de gente que me inspire y que me haga hacerme responsable de mí mismo.

CAPÍTULO 37

Te Cuento Una Historia

Marlon comparto contigo la siguiente historia, espero que abras tu corazón y nada más, la escuches sin prejuicios, sin creer, sin dejar de creer, solo siente la verdad nada más, si algo en ti resuena, perfecto; si no, perfecto. Me dijo uno de mis maestros espirituales, ¡esto es algo que resonó conmigo!, tómalo de la manera en que consideres prudente.

Hoy comparto esta historia contigo:

Resulta, que la tierra no es más que un lugar en donde puedes experimentar, en donde tienes la oportunidad de aprender, en donde vienes para crear conciencia y evolucionar a un plano superior.

A través de la rencarnación has venido en múltiples ocasiones con la única intención de aprender. Y con un propósito muy específico: el de AYUDAR, es por eso que sin importar lo que pienses de ti, cuando ayudas algo dentro de ti se ilumina, y esto ocurre porque ese es tu propósito desde el principio.

Todos compartimos un plano espiritual, antes de venir a este mundo; muchos nos conocemos, muchos otros tenemos lazos y vínculos muy fuertes porque hemos compartido en más de una ocasión algún papel en el juego de la vida. Has sido padre, madre, hijo, hija esposo, esposa, has sido la víctima, has sido el victimario, has nacido en diferentes países, circunstancias, en diferentes tiempos, has aprendido y has olvidado. Tu ADN encierra, todo bien guardado. Y todo lo de nuestra historia está guardada en los registros akáshicos. Es entonces que, desde este plano espiritual tan hermoso, nosotros decidimos venir aquí a la tierra, para aprender, para ayudar para ser mejores, porque cada vez que venimos a la humanidad, en su totalidad busca llegar a un nivel más elevado de conciencia.

Todos tenemos que atravesar el umbral entre el plano espiritual y el terrenal. Y es cuando ocupamos un medio de transporte entre los dos. Nuestros padres son elegidos por nosotros, por múltiples razones, y también porque son los indicados para la lección que venimos a aprender, para las heridas que venimos a sanar de vidas pasadas, o para sanar las heridas generacionales de nuestros antecesores y predecesores, para ser específicos 7 generaciones antes, 7 generaciones después.

Muchos niños, incluso antes de la edad de 5 años pueden ver el mundo espiritual, recordar quienes fueron en otra vida, es el caso de uno de mis hijos, el mencionaba que en otra vida era mayor y que había muerto en un incendio, y curiosamente mostraba una marca en su cuerpo y decía, "mira esta es una marca de ese momento".

Muchos ya nos conocemos antes de venir, y tenemos la oportunidad de venir a través de los mismos padres, en este caso los hermanos son bien unidos. En otros casos los hermanos no se conocían, y al crecer tienen un sin fin de diferencias que impiden que sean cercanos. Muchas veces los mismos hermanos o padres comienzan a mostrarnos lo que debemos sanar, ejerciendo un papel que activa esa herida, y con el pasar de los años nos vamos encontrando con situaciones y personas que, de una manera u otra; vuelven a tocar el mismo punto. Y esta herida es algo que todos vivimos, pero vamos por la vida creyendo que somos los únicos. Y no, definitivamente todos venimos a este lugar a trabajar algo o a sanar algo.

Lo importante es reconocer en cuanto antes que tipo de herida tienes y estudiar como sanarla, existen una cantidad de maestros que te pueden ayudar a sanar, está en ti, entender el problema, buscar la sanación.

Entonces la vida se convierte, en nuestra escuela y es a la vez como un vídeo juego en donde, tu misión es aprender, mejorar, sanar, ayudar a otros participantes a entender el propósito de todo esto; pero, sobre todo, el propósito más grande de todo es experimentar, ya que como espíritu, no podemos, todo es teoría. Aquí en la tierra es donde prácticas, Y cuando ya se acabó el tiempo, simplemente despertarás otra vez en el mundo espiritual. Con muchísimos rostros familiares que estaban esperando tu retorno a nuestro verdadero hogar.

Esta es la versión que resuena conmigo, la que decido creer yo. De nuevo te lo digo, lo que tu decidas creer es personal, no me creas nada, compruébalo todo, siéntelo, y decide por ti mismo.

CAPÍTULO 38

Coleccionistas

Después de pensarlo detenidamente y con el corazón podemos llegar a la conclusión, de que, si estamos aquí, en este mundo es para adquirir conocimiento y herramientas para vivir mejores experiencias y pasarla bien. Así de simple, pero como es simple, buscamos complicarlo más. Tenemos la costumbre de complicar las cosas en nuestra mente, porque tenemos que tener una explicación super lógica y sacada de un libro de física cuántica para creer que es verdad. Y luego esperamos hacer poco para obtener mucho de la vida.

Las respuestas son sencillas, la parte difícil es el hacer, el ir por lo que queremos y mantenernos constantes, día tras día, es por eso que a todos se nos complica, porque el camino está lleno de obstáculos, y dificultades, pero eso es lo que hace precisamente que cuando obtengamos un logro nos sintamos super bien.

Una nueva manera de ver las cosas, para mí ha sido, convertirme en un coleccionista de experiencias, no de cosas o de riquezas, pero sí de experiencias que me hagan sentir vivo y que cuando pase el tiempo pueda recordar y sentirme vivo a través de esas memorias, vivir cada día con la ilusión, que incluso en lo más cotidiano y normal de nuestra rutina diaria, tomemos un espacio de tiempo, y deliberadamente crear magia y momentos especiales.

Piensa que tú eres el artista principal en tu película y las cámaras están pendientes de lo que estás haciendo, todos te están viendo, todos están en pausa a la espera de lo que va a suceder, es en ese momento que tienes que sentir y hacer algo que haga a todos vibrar de emoción; puedes cantar con el alma, reír hasta sentir que te orinas, jugar a tu deporte favorito como una final de un mundial de futbol, da lo mejor de ti, no te quedes a medias: canta, ríe, vibra de emoción, enamora, ama, inspira, habla con el alma, expresa tu sentir, pon tu música favorita y baila como si fuera la última vez que lo harás. En todo lo que hagas, actúa como si te quisieras ganar un Oscar, te aseguro tu vida ya no será la misma. Cambiará el significado de todo y harás memorables tus días y las personas a tu alrededor se verán impactadas por tu alegría y entusiasmo y querrán ser como tú.

Qué bonito seria vivir así, todos los días de tu vida, dando tu 100 %, incluso en lo más cotidiano, la vida no la tenemos comprada para nada y de un momento a otro acaba nuestro ticket para disfrutar. Porque esa es la intención, el disfrutar, pasarla bien, llevarnos de este mundo, la mayor cantidad de recuerdos, para después volverlos a disfrutar. ¿Tienes alguna película que te encante ver, de esas que no te aburres y podrías verlas muchísimas veces? ¿Tienes alguna canción que te encante, que te mueva, que te haga bailar y cantar? ¿Hay algún deporte que ames, en el que te haga vibrar de pasión? ¿Tienes personas en tu vida que de seguro extrañarás?

Recuerda cada día dejarles saber que los amas, que sientan tu presencia, adonde sea que vayas lleva rayos de luz y de fe, haz que cada momento sea digno de ser recordado, y acostúmbrate cada día al ir a la cama a dormir, quedarte satisfecho por haber hecho algo que haga que tu vida mejore.

Esta es tu vida, crea una obra maestra de ella, tú eres el actor principal. No lo olvides nunca, atrévete, brilla que para eso viniste a este mundo, eres importante y haces la diferencia, y con tu vida y obra dejarás un legado, que perdurará por generaciones.

CAPÍTULO 39

El Infierno

Este es un tema, tan fácil de entender como complicado. Todo depende de nuestro nivel de conciencia y de tener una mentalidad libre de prejuicios y creencias, no es un tema para discutir ni querer tener la razón, simplemente analizarlo y estar abiertos a la posibilidad de una realidad distinta a lo que se nos ha enseñado a través de la historia.

El infierno sí existe, pero es porque tú lo creas al creer en él, se convierte en un lugar que alberga muchísimas almas, que están juntas porque también creyeron en él, su propósito es de castigo y de sufrimiento, de martirio y de dolor a niveles inimaginables. Cuando te digo que somos hijos de Dios, te digo mi verdad, y por eso entiendo con facilidad que, todos efectivamente tenemos un poder creador dentro de nosotros, está en nosotros. Podemos crear un infierno aquí en la tierra en un plano material, será incluso más fácil crear un infierno en un plano espiritual, lo que la persona ha decidido que merece al terminar su vida, por como la decidido vivir. Es la misma consciencia la que hace que nos sintamos culpables, y al sentirnos de esa manera, estamos convencidos que merecemos un castigo, porque desde pequeñitos fuimos educados de esa manera, ya sea con regaños, con gritos, con palabras bien subidas de tono, con golpes o castigos. Entonces estamos programados,

por cada pecado un castigo. Y según el pecado así el tamaño del castigo. ¿Sabes que significa la palabra PECADO? Es simplemente, tropezar y de ahí, cometer una falta. Cualquiera puede tropezar en un camino, sobre todo cuando tratas de aprender, yo no conozco a nadie que, al tener varias operaciones matemáticas, no falle en la respuesta en más de una ocasión, y no veo a nadie diciendo te vas a ir al infierno por eso.

Si hay errores que son demasiado fuertes y fatales, pero todo se debe a que se nos programa a través de video juegos, películas, periódicos, revistas, conversaciones, y es por eso que aceptamos la violencia como algo normal, nos asustamos e indignamos cuando vivimos una situación cercana de violencia, pero nos da prácticamente igual cuando son otras personas ajenas las que lo viven, nos volvemos insensibles al dolor y el sufrimiento ajeno, nos convertimos en jueces con facilidad y nos dedicamos a fomentar el chisme, sin saber todos los detalles.

Condenamos y deseamos mal según como se nos explicaron los hechos, pero no nos interesamos por saber que provoca que una persona pudiese llegar a un extremo, en el cual tenga que reaccionar fuera de lo que es su naturaleza. Tenemos que saber cómo fue su historia, para entender cómo evitar que se repita en otra persona. Y por encima de haber pagado tanto, aquí en vida, les espera una eternidad en un infierno. No sé tú, pero yo, NO CREO EN UN DIOS CASTIGADOR. Me suena ilógico, la vida es un instante, comparada con la eternidad, y por un error en ese instante vas a vivir una eternidad de tormento. No lo creo.

Dios es amor, es vida, es inteligencia y la idea de un infierno se basa en miedo, muerte y estupidez, más bien se me hace todo lo contrario a lo que Dios es, por consiguiente creo que, la astucia de la maldad sembró su cizaña en el mismo libro que fue destinado como manual para una vida hermosa, de aprendizaje y de experimentación, con el propósito de infundir miedo y todo tipo de sensación que nos aleje de nuestro objetivo, "El Disfrutar".

El infierno que yo viví.

Tuve la oportunidad de conocer profundamente lo que mi ser cree que sería el infierno para mí. Y mi experiencia me llevó a ser parte de la matriz, como dentro de un video juego en donde mi vista de un momento a otro tuvo la habilidad de percibir la realidad en píxel y códigos, modificando la percepción de todo lo que se percibía como materia, y dándole un nombre más real a lo que estaba experimentando como "energía".

Me encontré siendo parte de un engranaje, como si el mundo completo fuera un holograma, y al poner mi rostro en la tierra, pude ver lo que estaba dentro, una maquina creando la realidad que conocemos. Vi como mi cara se unía a esta máquina, y sentí la impotencia, el frio, el sufrimiento de mi alma por ser simplemente, una parte más del engranaje. Un pedazo de materia sin vida, sin poder, sin sentido, sin control.

Fue algo horrible, me mantuve prácticamente en este infierno por un tiempo que se escapaba de mi percepción, no sabía si eran horas, minutos o segundos los transcurridos. Pero, estando en un estado de conciencia plena, lo derroté al simplemente soltar el miedo, soltar el engaño de la ilusión, y darme cuenta que todo era un sueño, que la pesadilla solo tiene poder si se lo permites, que uno mismo es el responsable de lo que vas a experimentar, que el ego y lo malo que habita en uno, usa todo tipo de artimañas para convencerte de que mereces un infierno. Pero aún estando en una tiniebla profunda y completamente inmóvil de miedo, hay una voz que viene desde adentro, que se escucha fuerte y alienta a tu ser a no darte por vencido, una voz que me recordó que todo está bien, siempre he estado bien y siempre estaré bien. Un mantra exacto y poderoso que me devolvió la fortaleza y confianza en mí y supe que Dios siempre está con nosotros en todo momento, pero no lo sentimos muchas veces porque nosotros no ponemos atención a nuestro interior, hace mucho ruido el exterior con todo lo del mundo.

Al analizar mi experiencia, he podido comprender que precisamente para mí, el infierno sería un lugar en donde no tuviese libertad, en donde no, tuviera elección en absoluto sobre mi ser. Para todos es algo completamente distinto. No sé qué infierno estés atravesando, o pienses que vas a atravesar, pero aun estando en ese lugar de muerte se puede encontrar redención y vida, si tan solo creyeres y te arrepintieras de corazón.

Podemos vencer a la bestia de la que habla el apocalipsis, porque la bestia somos nosotros cuando están nuestros sentidos dominados por el ego, somos los creadores de guerras, de genocidios, de inmoralidades, de perversiones, de maldad, más allá de una historia de terror, domina a la bestia y vence al elevar tu conciencia.

Nunca es tarde para un cambio, nunca es tarde para un nuevo comienzo, nunca es tarde para ser mejores, nunca es tarde para evitar el infierno.

CAPÍTULO 40

Las Trampas Del Ego

Llega un momento en el que sentimos que estamos sanos y dejamos las cosas a medias, tenemos que mantenernos firmes por más tiempo, y por sobre todo atentos, porque hemos soltado y sacado mucha basura que estábamos acarreando con nosotros sin ningún sentido. "Recuerda el enemigo está como león hambriento, nada más esperando el más mínimo momento para atacar", cuando no hemos ocupado ese espacio, con hábitos positivos y sentimientos que nos hagan estar en un nivel de vibración más alto. Corremos el peligro de retomar los hábitos viejos, que nos tenían encarcelados, corriendo el peligro de ser víctimas de nuevo he incluso caer más bajo de lo que alguna vez estuvimos.

El ego, es el que cuando estamos bien, hace que nos olvidemos de Dios, de nuestros seres queridos, de nuestros amigos. Hace que nos olvidemos de todas estas personas que estuvieron a nuestro lado, que nos ayudaron y dieron lo mejor de si para que nosotros alcanzáramos nuestro objetivo.

El ego es esa voz que nos dice, no le debes nada a nadie, tu saliste solito de donde te encontrabas, "tu solito", pero si tomas un momento y te pones a recordar enserio, te darás cuenta que hubo muchísimas ocasiones, que con angustia y desesperación clamabas por ayuda; porque no sabias siquiera que hacer con tu vida. Hubo momentos de miedo y pánico, en donde no encontrabas el camino, hubo momentos en que muchísimas personas te ayudaron a estar en donde te encuentras en este momento, pero ahora dices que fue todo gracias a ti y a tu esfuerzo solamente, ahora que te encuentras en un nivel mejor de vida, económicamente hablando, ahora que la suerte te ha sonreído y que has soltado todas esas limitantes de tu pasado. Te tengo una noticia, este nuevo nivel te trae otro tipo de trampas, más sutiles de identificar como: la indiferencia, la idolatría, la gula, el amor por el dinero y el poder, el despreciar a otros por lo que están pasando, por lo que han logrado o porque están perdidos y llenos de malos hábitos que los tienen atados en la miseria al borde de la muerte.

Es en este momento que te pido, ahora que estamos en una mejor situación que no se nos olvide de donde Dios nos sacó, venimos de ser esclavos en Egipto, hemos atravesado el desierto y ahora que estamos bien, que estamos en camino a la tierra prometida, el ego se hace presente y nos dice, mira atrás, con lo que tienes ahora muchos te harán su Dios, ahora que tienes poder puedes aprovecharte de las ilusiones de muchos, vendiéndoles un sueño, diciéndoles que tú tienes la receta de la felicidad, mostrándote como un ganador, derrochando dinero y presumiendo todo lo que tienes y la vida que vives para seducir a cuantos ciegos puedas. Siendo un falso profeta y guiando a muchos a la ruina. Recuerda que al Dios al que le sirves te desechará, cuando ya no esté contento con tus resultados.

En lo espiritual te ataca de una manera diferente, en donde pide reconocimiento por cada persona a la que ayudas, ya sea con conocimiento, con herramientas o con cualquier tipo de ayuda que proporciones para el prójimo. Todo proviene de Dios, y cuando el proporciona los talentos, las herramientas y todo lo necesario para que puedas ser de bendición, dale la honra a él, y recibirás recompensa sin siquiera pedirla o necesitarla, porque cuando le sirves a la verdad absoluta estás sin duda en un lugar privilegiado. Él confortará tu alma, tu copa estará rebosando y en su presencia encontrarás todo lo que pudiste alguna vez soñar.

No permitas que el ego te robe la bendición, no permitas que te engañe, no permitas que su astucia te haga pensar que es inteligente, solo hay una "Inteligencia Infinita", y el ego no tiene parte en ella.

Sé fuerte y firme, forja un carácter difícil de doblegar y todos los días dobla rodillas, no porque Dios necesite adoración, todos se han confundido con esto, cuando doblas rodillas tu ego "no lo soporta" y se aleja, se esconde y cuando está lejos es cuando puedes tener una comunión con Dios realmente, lo puedes sentir y él te puede mostrar su amor. Traerá consuelo a tu alma y gozo a tu corazón y no tienes que estar de rodillas todo el tiempo, porque cuando Dios se hace presente todo lo que es ajeno a su esencia se tiene que ir, pero recuerda es libre albedrío, Dios nunca te impondrá algo, mucho menos él se impondrá para que lo busques. Si está en ti acercarte a Dios hazlo, si no lo sientes, no pasa nada, Te aseguro el siempre estará. Es eterno, ¿recuerdas? y te ama, eres su "creación" ¡No lo olvides nunca!

CAPÍTULO 41

¿Espera El Tiempo De Dios?

Se nos dice que tenemos que esperar el tiempo de Dios, pero ¿es la palabra esperar la correcta?, Yo creo que, se trata de hacer nuestra parte y tomar acción, buscar lo que queremos, lo que nos hace feliz, lo que nos corresponde hacer a nosotros como hijos de Dios. Pero ¿al hacerlo estamos demostrando ausencia de fe?

O la frase ESPERA EL TIEMPO DE DIOS, la estamos entendiendo mal, muchas palabras, muy frecuentemente las tomamos a la ligera, y las decimos por decirlas y le damos un significado en ocasiones completamente alejado de lo que en un principio fue su propósito, tenemos que comenzar a analizar el lenguaje que utilizamos de mejor manera, para entender bien las instrucciones, de lo que debemos hacer y para entender en realidad el mensaje oculto que encierra cada palabra, podemos pensar que esto es muy difícil y que tomaría mucho tiempo, pero creo es mejor hacer el esfuerzo por aprender, porque de lo contrario podemos pasar años caminando en sentido contrario a lo que queremos, por no haber entendido desde un principio que no era hacia ese lado que correspondía ir.

Esto es algo que me ha costado muchísimo entender, yo viví de prisa por mucho tiempo, gracias a un libro que leí, cuando tenía alrededor de 19 años, en donde se me decía: que uno de los grandes secretos de los hombres de éxito, era "caminar rápido". Había un sentido de urgencia en ellos, pareciese que a donde fueran tenían que llegar rápido y salir con la misma rapidez, y mi manera de pensar desde ese momento se modificó, y comencé a hacer todo más rápido, con la creencia de que con esto me convertiría en un hombre exitoso. El consejo me ha llevado muy lejos, pero por vivir de prisa, pensando en llegar a mi destino pronto, he perdido por muchas ocasiones el sentido del viaje. Buscando darle más significado a mi vida y con la idea de ser un hombre exitoso, en todo proyecto que decida emprender, me he adaptado a varias filosofías de vida en donde he entendido que, "No se trata de llegar rápido, lo importante es como se llegue".

Aquí es donde pienso más en disfrutar del recorrido en la vida, dándome la oportunidad de tomarme el tiempo para llegar a mi destino de una forma más consciente, con salud y feliz de las decisiones que he tomado y sobre todo en paz, pero he logrado entender también que siempre he querido tener el control de mi vida y la sola idea de no tenerlo me asustaba mucho, es por eso que aprendí a esperar en Dios, y entender los propósitos que le doy a mi vida, que sean los correctos, el tiempo con el que contamos es corto y es por eso que es prudente el no alargar cosas que están de más, no alargar el sufrimiento, el dolor, las adversidades. Soltar pronto y enfocarnos en lo que queremos, siempre será lo mejor.

Esperar el tiempo de Dios, literalmente la palabra esperar significa "quedarse en un lugar hasta que llegue una persona u ocurra una cosa", y viene del latín sperare: "tener esperanza" y tener esperanza significa "confiar de lograr una cosa o de que se realice algo que se desea" ahora ¿Cuál es el tiempo de Dios? Para Dios no existe un tiempo, Dios es espíritu, solo en la materia existe tiempo, nosotros vivimos en la materia por eso estamos regidos por las leyes de la misma, el tiempo de Dios es cuando sea el momento adecuado, siempre es perfecto, somos nosotros los que nos atrasamos en aprender la lección que corresponde y alargamos de más lo que tendría que ser, cargamos de más, por decisión nos aferramos y hacemos como nuestros cualquier problema o adversidad. Decimos mi problema, mi enfermedad, mis cosas, pensamos que eso nos pertenece, nos define y esperamos en Dios una solución, oramos y oramos por sanidad, por felicidad, por amor, por paz, por dinero. No nos quedemos esperando a que los problemas se solucionen solos, pongamos nuestra fe en Dios, dejemos que Él haga su parte, lo que le corresponde, y nosotros pensemos que es lo que nos corresponde hacer a nosotros, y actuemos en base a ello.

Muchas veces he estado atravesando por situaciones que son demasiado grandes para mí y no encuentro la solución, y siento angustia y me siento enojado y triste, sé que así no puedo ir a la casa de mi padre, ósea cerrar los ojos y orar, así que de entrada pido perdón por mi actitud y luego pido por una solución con la certeza de que será resuelto pronto, siento como todo está bien, deposito mi fe en Dios y suelto el problema, doy gracias y continuo mi día con una actitud positiva, procuro sonreír mucho, demostrando fe en mi actuar, en mi voz y en mi semblante, porque sé que Dios proveerá, y porque se manifestará la solución. Al corto tiempo de la nada me surge una idea, que hace que al tomar acción en base a ella, llegue la solución, y es en ese momento que me doy cuenta que Dios tiene el control de mi vida y de todo y literalmente, me estaba ahogando en un vasito de agua. Hay solución para todo siempre, y viene acompañada de sabiduría, la cual no se puede obtener sin estar atravesando dificultades, a veces el tiempo de Dios, nos hace poner a prueba nuestra fe, porque es muy fácil el sucumbir ante la adversidad, y más aún si sentimos que estamos solos, sin embargo, tenemos que recordar que nunca hemos estado solos, estamos rodeados del amor de Dios, y ese amor es eterno, único y verdadero y por ser todos hijos del mismo padre, estamos solos porque queremos estarlo, porque hay cientos de hermanos alrededor nuestro con los que podríamos compartir un momento de luz.

CAPÍTULO 42

¿Quién es Dios?

La verdad sobre esto, es tan simple y a la vez tan compleja porque para mí es un Padre amoroso, yo no tuve la dicha de tener un papá que estuviese conmigo desde pequeñito, siempre desee uno, y cuando tuve la oportunidad de estar en su presencia, él sintió mi vació y ausencia, me otorgo ese regalo, eso que siempre quise. Dios se convirtió en mi Padre, me aconseja, me cuida, me guía, deja que cometa errores, deja que aprenda de ellos, me permite crecer y madurar a mi paso, me tiene paciencia, me enseña el camino por el cual atravesar, me ayuda a tener sabiduría a base de lecciones y aprendizaje, me ayuda a entender mi propósito aquí en la tierra, me ayuda a entender el propósito de todos aquí en la tierra, me bendice y próspero, me porto mal y yo alejo su bendición, "Él no me la quita nunca".

Esta siempre atento a mí y a mis necesidades e inquietudes, aparta de mí cosas que me hacen daño, me sana y restaura continuamente, por sobre todo, me da su amor y me enseña a amarme realmente y amar a mis hermanos de una manera correcta. Para ti puede ser una Madre amorosa, un Hermano, Un profeta, Un Maestro.

No podemos limitar a Dios, Él lo es todo, es el universo y toda su extensión y más. Él es continuo, presente y omnipresente, fue, es y será. Él lo es todo y está en todo y en cada uno de nosotros.

Tiene cualidades que lo hacen único:

Verdad. *Es eterna y constante, silenciosa, poderosa no necesita imponerse, solo es.*

Amor. *Es eterno, permanente, constante, siempre es y será.*

Inteligencia. *La inteligencia es eterna y está en todas partes, por siempre para siempre, en un átomo, en una planta, en donde veas hay inteligencia.*

Vida. *Porque siempre es, no hay muerte solo transmutación.*

Unidad. *Somos parte de Dios, como gotitas de agua en el mar unidos a Él, pero al mismo tiempo individuales y de igual manera en todo lo que existe.*

Principio. *Hubo un principio para todo, y siempre hay un principio, el final siempre es el principio de algo nuevo.*

Dios es eterno y verdadero, alejado de las leyes materiales, Él es un espíritu, incapaz de morir, de envejecer, de ser corroído, degradado o lastimado, está en todas partes al mismo tiempo, es conciencia, Dios es todo.

Por mucho tiempo yo estuve muy enojado con Dios porque lo culpaba por todo lo malo que me había pasado y por lo malo en el mundo, ¿Por qué Dios no hace nada al respecto? ¿Por qué permite la maldad? Lo malo y la maldad está en nosotros, él nos ama y no puede más que esperar a que nosotros mismos aprendamos a impedir que la maldad controle nuestras vidas y nuestras decisiones.

Tengo la oportunidad de ser papá y uno de los momentos más difíciles lo enfrente al enterarme de que uno de mis hijos fue diagnosticado con autismo, venían todo tipo de pensamientos horribles acerca de la condición, pero por sobre todo muchísimos reclamos hacia Dios. Incluso llegando a decir ¿Por qué a mí, si hay montón de padres que se merecen tener un hijo así? ¿Por qué yo, si soy bueno? ¡No sabía lo que decía! Christian es una de las bendiciones más grandes que he recibido, es un ángel y su manera de amar es única, es un privilegio para mí el tenerlo en mi vida, si es cierto que los desafíos son distintos comparados con alguno de mis otros hijos, pero el propósito de él es grande y lo que aporta a mi vida es maravilloso ¡Gracias a Dios por el!

Es hasta que reconocemos que Dios no tiene la culpa de nada, nos ha dado la vida y todas las herramientas para que seamos creadores de nuestro entorno, ya solo queda en nosotros el hacer un buen trabajo.

El detalle está en que filtramos lo que Dios es con una mente que aunque única y privilegiada, muy limitada, que no puede comprender lo que Dios es, incluso la palabra Dios lo limita, mi intelecto y sabiduría no pueden encontrar nada semejante para describir a un ser tan supremo, me quedo corto y hasta ahorita no hay manera de describirlo, entender todo lo que representa.

Talvez algún día podremos comprender todo lo que en realidad es y significa, mientras tanto yo en lo personal le seguiré llamando Papá.

De Corazón te doy las gracias por haber llegado hasta el final del libro, espero que encuentres respuestas y sobre todo herramientas y conocimiento que sea de bien para tu vida, nunca será mi intención el hacerte creer nada, tu tarea querido amigo es la de poner todo en duda, y que seas tú, poco a poco quien tome la decisión sobre que creer, para que de forma consciente tomes las decisiones correctas para ti, que te permitan llegar a una vibración más alta que te ayude vivir la vida que mereces y quieres.

Que tu misión en la vida sea la de encontrar maestros que te expliquen más y más sobre como alcanzar y entender los diferentes niveles de consciencia, maestros que te expliquen como a mí en mi momento. Yo mi amigo, solo soy un alumno más, aún me queda mucho por aprender y cuando esté listo para compartir un poquito más, con gusto ¡lo haré!

¡Hasta siempre! Dios nos bendiga, y nos llene de amor para alcanzar todo lo que nos propongamos, y que su bendición sea de buen uso para tocar los corazones de los que aún duermen, para que salgan del sueño y puedan ¡Despertar!

Cuídate mucho y que la verdad ¡Nos Libere!

Me despido con una pregunta para cuando nos volvamos a encontrar. ¿Ahora que tengo un nuevo conocimiento y herramientas, me quedaré con ellas como un recuerdo o lo usaré para dar al primer paso y comenzar a convertirme en el ***Caballero a Prueba de Fuego*** *que existe en mí?*

ACERCA DEL AUTOR

Nacido en Guatemala, de madre Salvadoreña a quien ama y de la que se siente muy orgulloso por su fortaleza y tenacidad. Tuvo el privilegio de vivir en ambos países en donde estudió y se llenó de recuerdos hermosos, de amigos y familia que recuerda con nostalgia y amor, y donde aprendio el valor del trabajo.

Ahora radica en Estados Unidos, en donde es dueño de una franquicia que tiene por nombre **Jose Chiquito**. *Es padre de cuatro hijos que ama y que son uno de los motivos más grandes para seguir cosechando exitos. Es esposo de una mujer que el describe como muy hermosa y que ha sido una bendición en cada etapa de su vida.*

Aunque se graduó de masajista terapeuta, después de haber obtenido su diploma de equivalencia al high school en Los Ángeles, se ha inclinado por seguir estudiando la profesión de gastronomía, y con ello todo lo relacionado a manejar un negocio eficientemente, conviertiéndose así en un coach y mentor para toda aquella persona que desee abrir un negocio, mejorar su vida, o ser parte de un cambio positivo en la sociedad, demostrando con hechos que sí es posible.

Lo que más le apasiona e impulsa es la meta de ayudar, razón que lo ha llevado a escribir su primer libro de una saga que lleva por nombre ***Caballeros a prueba de fuego****. En sus palabras: "todo lo material se quedará, al igual que los títulos, pero los recuerdos y las experiencias vividas... Esas las llevaré hasta el ultimo aliento de vida, y al estar en esos últimos momentos, morir con la sonrisa en mi rostro, sabiendo que gracias a Dios pude hacer la diferencia en la vida de alguien más, y que tuve la oportunidad de colaborar para hacer de este mundo un lugar mejor para las futuras generaciones".*

CONTENIDO

Made in the USA
Columbia, SC
08 January 2024